U0933972

THE ROAD TO FUTURE WEALTH

未来财富之路

老韭菜区块链心得

王彬生 著

中国出版集团
中国大百科全书出版社

图书在版编目（CIP）数据

未来财富之路 / 王彬生著 . —北京：中国大百科全书出版社，2019.11

ISBN 978-7-5202-0630-3

Ⅰ. ①未… Ⅱ. ①王… Ⅲ . ①经济学—通俗读物 Ⅳ. ① F0-49

中国版本图书馆 CIP 数据核字（2019）第 243537 号

策 划 人　郭银星
责任编辑　郭银星
封面设计　博越创想 · 程　然
责任印制　邹景峰
出版发行　中国大百科全书出版社
地　　址　北京市阜成门北大街 17 号　　　邮政编码　100037
电　　话　010-88390093
网　　址　http://www.ecph.com.cn
印　　刷　北京君升印刷有限公司
开　　本　880 毫米 ×1230 毫米　1/32
印　　张　6
字　　数　86 千字
印　　次　2019 年 11 月第 1 版　2019 年 11 月第 1 次印刷
书　　号　ISBN 978-7-5202-0630-3
定　　价　38.00 元

前言

人类农业社会的财富标志是土地，工业时代的财富标志是资本和工业品的占有。随着人类制造业能力的无限制扩大，信息传递成本越来越低，已经过渡到了后工业化时代，即今天的移动互联网时代。随着区块链技术的普及与推广，即将进入后互联网时代，即价值互联网时代。

在一次会议上，一个刚毕业的大学生问我对创业有什么具体的建议，我十分困惑。不过我有一个忠告，就是所有创业的维度都应根植于当信息传递成本很低或接近于零的时候，整个社会结构会发生什么变化，然后再思考如何创业，避免努力把钱赔光的结局。

在手机成为人们一个外挂器官的年代，生活内容虚拟化将日益成为常态。一个人早上醒来找不到手机，可能比找不到配偶都着急。如果手机在对方手里他就会更着急。

当工业化时代的财富欲尚未得到充分满足之际，全球已经步入后互联网时代。工业化时代追求财富自由的定义，可以理解为资本和工业品的占有量多少，而当人类社会过渡到一辆汽车的价值都不如 40 年前一辆凤凰自行车价值感强烈的年代，财富的含义是否也将发生根本的改变并重新定义。大家追求自由财富之路在未来可能南辕北辙，未来财富之路需要重新定义财富的内涵。

当无人驾驶汽车成为人们的出行交通工具，你自己拥有的迈巴赫将成为工业垃圾，原来所拥有和理解的财富观带来的成就感和存在感将面临消失。突然发现自己不一定是穷人，但却是个废人。当人工智能普及，机器人与机器人之间展开交易和协作，你会发现亿万存款根本没有应用场景。

本书试图以作者的亲身经历和观察寻找未来的财富之路并与您一起分享这份经验，如果您是该书的读者，也希望您一起加入探讨，最好能选择段子的形式，以中国人特有的智慧表达出来。

记得大学时代的一个经典故事：一个冒险家乘坐热气球飞越大西洋，但气球失控了。绝望之际，他看到海边有位穿风衣、戴眼镜、夹着公文包做思考状的人。冒险家大喊："先生，我在什么地方？""你在气球上！""你一定是个经济学家吧！"经济学家有三大特征：反应迅速，回答准确，但是废话。在未来财富之路的选择上，传统思维的经济学家已经无法给我们指明未来，只有深度的学习和思考才能提供答案。

未来财富之路在哪里？我们首先要思考，在未来的状态下，财富的含义和表达方式是什么？我们一起来探讨什么是人生财富。认知能力、健康和学习教育投入将是我们融入未来的前提。健康、认知能力、个人的交换价值将构成未来个人财富的三个维度。

《未来财富之路》是作者基于未来 20 年的逻辑思考的结果。既然工业化时代即将成为过去，信息的传递成本极低甚至趋向零，未来只有原创信息本身具有价值或者超额价值。

信息互联网向区块链价值互联网的过渡，使过往的信息流和价值流逐步融合，传递信息的同时也在实现价值流通。

信息的传递成本越低，原创信息的价值就越大。就像工业品生产的能力越强大，青山绿水自然环境就愈加珍贵一样。信息的成本越来越低，工业品生产的成本也越来越低，而且利润越来越薄。过去的 20 年，钢铁、汽车等传统金融的巨额市值已经被当今的互联网巨头替代，当今互联网巨头的财富摸不到看得见地藏在信息、数据里。

当今互联网巨头的财富仍然以公司市值的面貌出现。未来区块链价值互联网世界没有公司制的逻辑，个人之间直接展开协作，将改写人类工业化以来的生产关系。比特币是区块链世界的第一个共识，白皮书的发布者中本聪至今已经人间蒸发。以太坊的创始人维塔利克是个 1994 年出生的天才少年，创立以太坊时才 19 岁。他们就是自己，不属于任何一家公司。但是比特币和以太坊在 2018 年初全球疯狂时市值曾经高达 3500 亿美元和 1500 亿美元。

对于技术外行而言，比特币、以太坊就是一个社区化互联网协议，只要遵守谁都可以参与加入。科技使硬件和信息成本极大降低，使人们全球协作成为可能。

未来财富将直接向原创信息的创造者转移，因为财富可以直接点对点交易和收割。如果爱因斯坦还活着，可以通过互联网直接变现个人价值，也许他就是世界上最富有的人。

未来个人拥有信息和创造信息的能力将成为个人财富的源泉。认识谁已不重要，你是谁才最关键。本书重点以生命健康、认知学习能力、个人交换价值为指导思想，把自己对未来的思考心得分享给大家。

未来 20 年也许还遥远，但在信息充分获取的今天，想有超额利润的行业也许只剩茅台酒了。未来财富之路，要靠时间铺路。

目录

1 疾病还是症状——认知如何改变命运 /001

2 教育和知识的获取——过去 现在 未来 /017

3 传统财富观与未来的冲突和困惑 /035

4 精英化社会结构消失 草根化兴起 /047

5 传统金融市场的崩溃和未来价值的重塑 /059

6 区块链技术引发的社会变革将悄然渗入日常生活 /073

7 未来投资主要特征：长尾化 分散化 娱乐化 终身学习 /093

8 未来公司制消亡和国家财政收入体系重构 /113

9 脸书发行数字天秤币（Libra）的影响和结局 /129

10 个人行为价值化导致社会分化将继续扩大 /145

11 一个老韭菜的心路历程 /159

后记 /181

1

疾病还是症状

——认知如何改变命运

过去两三年的演讲经历告诉我，大多数人喜欢听的是投资什么项目马上能赚到钱，甚至是一夜暴富。对体系性、逻辑性的理论不感兴趣，急躁、浮躁，寄希望于别人直接把发财的机会给予自己，最终难逃被收割的结局。本书想先从生命健康、婚姻关系认知角度探讨未来的财富之路，这些话题是人生的底层协议。

一个人从出生到老都面临着疾病的困扰，在过去信息缺乏的时代，人们对疾病的认知来源于两个渠道，一个是看医生，一个是个人经验的积累。正常人一般情况下面临的疾病分四种情况：先天性遗传疾病、不良生活习惯导致的疾病、生理反应性疾病、意外性伤害疾病（包括传染性疾病）。本人不是医学专家，只是从非专业的角度分享给大家自己的经历体会。由于人类有两种基本情绪：恐惧和贪婪。如何不被恐惧和贪婪左右自己的情绪取决于对常识的认知程度，对健康的认识和管理直接决定了一个人未来的财富高度和价值。否则你的奋斗成果最后可能给自己经纪人了。

生命、财产、自由构成了人生价值的三个维度。生命是一切的前提和基础。在日常生活中从儿童到成人最常见的疾病有两种，感冒呼吸道感染和肠胃闹肚子。很多人的选择是上医院，很少意识到这是人身体的正常反应和自我保护，生理机制在发挥作用。绝大多数情况下感冒咳嗽，多喝白开水，休息保暖就可以自行恢复，一般不需要上医院，特别是儿童。但是恐惧感左右家长的行为选择，而且目前医院的检查手段过于程序化导致大家丧失了对常识的判断。

在互联网高度发达的今天，几乎所有疾病医学信息均可以在网上查询到。特别在中国，由于医疗体制的现状，一个人自身对健康常识的认知要远比去医院就诊重要，求人不如求己，把自己的健康权交给别人，你的财富已经处于被支配的地位。

这是一个讲故事的年代。几年前和朋友吃麻辣火锅，喝了至少半斤白酒，第二天醒来肚子疼得不行，而且小便直接不畅，喝水也不解决问题，只好去医院。在海淀的一家大医院，医生一阵检查，折腾半天，说是急性前列腺炎，直接一个星期的抗生素吊瓶，没有效果。

对一个男人来说，前列腺有问题，用药却无效，必定一阵惊恐。认为是医生医术有限，又跑到一家海淀最牛的医院挂特需门诊。由于人太多，检查结果出来时医生已经下班走了。医生很负责任地给我留了一封信：王先生，我下午有手术，你可以下午 5 点到某某医院找我，千万别去街上的医院治疗。本人甚为感动，下午准时赴约，开的药是当时最好的先锋 6 号，医院没有该药，只得又回到最牛的医院，护士长对上午没有服务好，深表歉意，说可以再享受一次夜间普通门诊的专家给诊断一次。一个 40 岁左右的姓郝的专家，我给他讲了病情和就诊经过。别讲了，典型的前列腺疾病症状，他滔滔不绝，很有条理，并且断言，你应该是个大学老师。本人确实大学毕业后在中关村某著名大学做过几年老师。又开了药，记忆犹新，48元的药。对该医生的不信任油然而生，已经花了很多钱了，48元怎么能治病？悻悻而去。

一周后在医院门口又见到了郝医生，说有好转但还是不行，要不要再吃药？医生的回答让我十分纳闷，别吃啦，回去吧，我太忙，就直接告诉你吧。你知道啥叫潜规则吗？你的病只是个症状，不是病。说完走了。

充满恐惧和好奇心的我又不惜代价回到特需门诊，挂了该院最牛的专家号，号称专给领导人看病的某老。讲过经过，该老沉默一会儿说，前列腺炎泡热水澡是比较好的治疗方案。我听得云山雾罩，出门跑到了中国最著名的专治疑难杂症的协和医院，九牛二虎之力搞到了大专家号。因为要分诊，护士大姐先问情况。说明来意后，护士大姐把挂号单和就诊手册扔了出来，说协和医院专家没有时间看这种病。险些起了冲突，但大姐的善意表情让我如梦初醒，她说你觉得感冒还要看专家号吗？鼻炎还要看专家号吗？你跑步不就通了吗？醍醐灌顶，回去赶紧爬山出汗，喝水，排尿，一个月后症状就完全消失了。

钱花了罪受了，病是自己折腾好的，感谢协和大姐的点拨，否则不知要折腾多久。这段健康维护经历后来分享给了很多朋友。有一个湖南来京看病的大哥被我言传身教现身说法打动后，恢复很快，竟然说我是神医。

折腾的过程了解了相关医学知识，前列腺是个相对封闭的生殖系统，日常消炎药物的效力无法抵达。

该故事背后的逻辑是这样的，恐惧感和对医学知识的缺乏，导致决策的不惜代价。大医院医生太忙，没有时间给你讲明白，而且你已经花了很多钱，就像你看感冒花了10万元，让医生怎么说，去戳穿自己的同行？健康的自我认知能力才是一个人获得健康的最大保障，否则在无知的状态下很容易被类似于病很重、能治、得花钱的言语击倒。

本书与您交流的不是如何在技术上保持健康，而是要提醒你从认知上如何实现自我健康管理的收益最大化。要想黄金万两，必须自己转变思想。当今时代最大的特征是信息的获取成本越来越低，医院和医生拥有的最大优势是对医学和疾病知识的信息优势，而这种优势正在被打破。

你要做到的是具备一定的自学能力，最了解自己的还是你自己，这样才能出现最优的结果。

医疗行业由于没有像洗头房那样充分竞争，医生利用大医院的优势和患者医学知识的匮乏过度治疗会成为一个常见现象，请记住只有医院是个“死人不偿命的地方”。

讲这个故事的目的不是让大家来仇视医疗，而是说应当清醒地认识到这种无法避免的背后存在的矛盾，医生和患者之间应当最大限度地寻找到平衡点从而减少医患冲突。任何时候出现问题，先反思的应该是自己，而不应该首先把不满发泄到医生头上。自己嫖娼得了性病，报复性工作者肯定是错上加错，握手言和一起治疗才是最优选择。

在中国关于医疗改革思路分为两种声音。一种主张医院应该像公司一样放开竞争。首先是医院的创立应该放开，医疗和医药价格放开，通过竞争来实现对患者的保护。另一种观点认为医生和患者之间有严重的信息不对称，所以必须由政府来主导监督运营。

大道理不讲，如果医院像洗头房一样竞争，你投资

5000 万开了个诊所，来了个感冒患者，各种检查流水线一遍花上上万元，难道你 5000 万的投资不要了吗？面临市场竞争倒闭的风险，你敢乱开药吗？竞争才是最大的约束。

苹果手机、华为手机都可能获取巨量消费者的个人数据，这两家公司敢滥用吗？苹果万亿美金的市值不要了？利益的制约会促使手机厂商最大限度地约束自己的行为而保护消费者。

中国目前的医疗市场模式，医生如果过度治疗或导致患者受损，法律上首先是由医院来负责赔偿。医院绝大部分是由政府运营的，即使有个别民办医院牌照也是垄断发放的。观察一下所有消费者受益最大的地方都是竞争最充分的行业。

随着科技的发展，大数据的运用，机器人的诊断正确率一定高于单个医生的水平，因为单个医生的医学信息量是无法和机器人相比的。以往患者吃亏上当都因信息屏障。到大医院看病难，能找门口的黄牛解决不要找关系。黄牛代表了市场，关系代表了权力，市场的效率是最高的。在中国能搞懂这层逻辑，你就是大半个经济学家了。你的健康你做主，才是人生第一财富。

健康是人类繁衍生息的保障。在传统社会讲到人类的传承，必然要探讨婚姻的话题。人类诞生的第一个社会制度是婚姻制度。婚姻制度是一切其他社会制度的前提。新中国成立后颁布的第一部大法不是宪法，是 1950 年 10 月颁布的婚姻法，宪法是 1954 年才颁布的。

婚姻法的条文除了开宗明义讲恋爱自由、婚姻自由，其他绝大部分讲的都是离婚的内容。核心是围绕离婚后子女的抚养和老人的赡养，包括财产的继承分割等问题展开。

为什么古代圣贤制定婚姻法却没有制定偷情法呢？原因很简单，通过婚姻制度可以把人类的传承繁衍的经济成本降到最低。孩子生下来了，不管是不是你的，只要在你名下就得养。过去没有 DNA 技术，在谁名下就是谁的，尽管可能徒有虚名是隔壁老王的。

人性是多变的。如果男人女人像丹顶鹤一样，一旦好上就永不分开，根本就不会诞生婚姻法。婚姻法从根本上说，是要使男女之间分开移情别恋的经济学成本最大化。相反，爱情法是不需要制定的，到了青春期拦都拦不住。

婚姻是人生最大的契约。所以婚姻的选择就综合了所有社会学的因素，包括健康、智商、家族背景、经济地位等。能够和最爱的人结婚，当然是人生最大的幸福。选择对象就像去商场买衣服那样，衣服的款式很多，但是选一款你满意的是最难的。不同年龄阶段诉求可能不一样，年轻时嫌对象少，年长后嫌孩子少。

有些八卦的段子往往有很大的启发性。据说在台湾选女婿首先两点：就是让小伙子先喝酒后打麻将。如果未来的女婿一杯酒下肚就倒地了，身体肯定缺点什么；半斤酒不醉，思路清晰稳健，就过了生理关。但是半斤酒后和未来的丈母娘开玩笑，说明酒后失态，自制力差，肯定不行。第二关是打麻将。半斤酒后不偷张摸牌还能赢，智商肯定可以。老输还偷牌，智商和人品都有问题。常言道酒后吐真言，因为人在饮酒后大脑处于高度兴奋和控制力相对最弱的状态。喝酒打麻将，最平常的生活活动方式能用极短的时间成本来考验一个人的品行。

婚姻是准备让人一生履行的合同。担当是一个人永久的责任。由于人类从母系社会、农业社会演变的过程，男性在强体力劳动方面有天然的优势，婚后女性往往处于弱势地位。

喝酒打麻将只是要求男性的基本标准，并不能反映其真实的品德。一个人对其他人的态度才能反映其内心的世界。比如你要和一个高富帅一起逛街，他对路边烤红薯的态度才能反映他真实的人品。如果他对小商贩颐指气使、吹胡子瞪眼，又打又骂，你一定遇到渣男了。在人们对物质财富垂涎三尺的今天，炫富已经无所不用其极地演变成炫富摔。开着豪车发飙耍横，坑爹、坑夫、坑自己的已经屡见不鲜。

婚姻的本质是财产关系。丈母娘选女婿要房要车，成了这个浮躁的商业社会的一种现象。但是从人性的角度讲，房事远比房子重要。当人类社会从农业社会、工业社会过渡到互联网社会的时候，意味着传统意义上的物质财富将极大丰富。人口的高流动性成为常态，传统意义上的婚姻存在的社会基础正在逐步消失。

传统社会婚姻家庭的核心功能是以最低的社会经济成本实现人类的传宗接代，对子女的确权是传统社会婚姻家庭的首要功能。有了家庭这个细胞才诞生了国家，国家才有了存在的基础。

而当全球连接成一张互联网的时代，对子女的确权在未来不需要经过婚姻制度来保障。DNA 技术极低成本的普及应用，孩子是谁的已经清清楚楚。未来随着人的身份信息在互联网上的确认和锁定，每个人的 DNA 信息都在网上，老张孩子的信息上网，如果老王的 DNA 数据亮灯了，未来智能合约直接把老王地址上的数字资产划走承担抚养费了，无法抵赖。如果该技术明天普及，不知多少人难忘今宵、今夜无眠。

自然经济时代是一日夫妻百日恩。在一个足不出户小农经济的时代，在 100 天内你根本就不可能碰到、甚至搞定第二个异性，只能思念过去。互联网的今天一切都变了，一天就可能遇见上百个心上人，在虚拟空间里何止上百人，只要你闲得手痒，可以不停地刷屏。给直播网红的打赏红包往往比彩礼钱还要多，而且心甘情愿。从生物学角度讲，每个人的配偶都不是自己的唯一，如果是就不需要婚姻法了。正因为不是唯一，所以要彼此珍惜。

人工智能和互联网科技的发展使男性由于强体力劳动的能力优势而占主导的地位正在丧失。女性由于受教育和获取信息的平等化，女性的经济活动能力正在迅速增强。今天男人和女人只是在性别上、生理结构上的内外不同而已。女性压抑的人性正在释放，女性彰显个性和欲望的行为越来越大胆外露。从两性关系上讲，男性可能处于劣势，因为只有累死的牛没有耕坏的地。

性格决定命运，那么什么决定性格呢？什么是性格？中国文字有一个特点就是表形表意。性字就是心里天生出来的，格就是外在的表现，格表边界。性格从本质上讲是一个人天生的基因维度。江山易改，本性难移。随着DNA基因技术的日臻完善，未来人与人的结合大数据都可能直接就匹配好了。猪对猪、羊对羊、牛犊子可能骑到狼身上。匹配的结果是一对一，也可能是一对多，也可能是多对多，有的人天生要寂寞。

未来 20 年基因科学与大数据的结合使人类对自身的认知会有更加颠覆性的突破，到底一个人身上狼性多还是人性多，从物种的角度会不会把人分成三六九等？不敢细想。

从基因生物学的角度看，近十年来对同性恋的接纳和理解包容度越来越高。试管婴儿已被社会普遍接受。生物科技的发展会揭示给人类更多关于自身的认知信息。人类诞生的第一个社会学意义上的传统婚姻制度可能会被生物科技和人工智能互联网信息的普遍渗透而改写。

未来的两性关系到底如何定义，拭目以待。但有一点在文化上的变迁已经十分明显，就是过去田园牧歌式的爱情越来越少了，两情若是久长时、又岂在朝朝暮暮成为文学上的记忆。情书和抒情诗已被互联网的“约吗”所取代。也许未来一天到晚陪伴你的是一个完全基因化的机器人，性别由你的取向而定。互联网打破了地域边界，也许最远的你是我最近的爱。

活在当下，面向未来，洞察人性。如果有一天发现自己的配偶出轨，指责报复可能是最愚蠢的选择，需要反思的是自己哪里不行。能够正确地理解和处理婚姻、两性关系在未来仍然是人生最重要的一笔财富。

教育和知识的获取

——过去 现在 未来

谈到个人交换价值的成长和提高，能想到的第一件事情就是如何判断、评价一个人的知识和认知能力，教育是绕不开的话题。在没有互联网的年代，接受学校教育是人们获取知识最主要的途径。

如今互联网打破了知识的围墙，降低了学习获取知识的成本。但学习和教育的规律不会有根本的改变。

任何学习首先是概念的学习。概念有两个维度，内涵和外延。内涵就是定性，外延就是定边界。就像谈到宇宙，宇就是广阔空间的维度，宙是时间的维度。所以空间和时间是统一的。没有空间的概念谈时间和没有时间的维度谈空间都是残缺不全的。

什么是教育，如何定义教育，教育和专业学习培训有什么不同，有必要逐一理清。我们一般把教育定义为：影响人的身心发展的社会实践活动。狭义的定义是专门组织的学校教育。其实教育字面理解就是把人们既有的认知和经验进行体系化的传授。教育是受教育者领悟接受成长的过程，平时讲养育发育就是这个意思。

如果你是个教育者，有两条基本准则仍然是必须遵守的。无论未来科技如何发生变化和进步，基本规律会存在下去。

有教无类、因材施教是教育者的两个基本准则。这两条准则是2000多年前孔子教育思想的精华，仍然言简意赅、光照后人。用今天的大道理大白话讲就是两层含义：一、所有人都应该有平等的享受教育的机会，不应该分出高低贵贱。二、老师对学生的爱心要一视同仁，不能区别对待，更不能对受教育者有歧视态度。

善良的母亲对待自己的多个孩子，手心手背都是肉。母爱的天性反而会更加疼爱最弱小的孩子。一个善良的母亲，最挂念的不是当总统当富豪的孩子，而是最虾米无能的孩子。好老师也一样，把更多的爱奉献给学习差的学生是最符合职业操守的。

有教无类，还有一种解释，就是通过教育使人和人之间没有类别的差异，所以在方式上因材施教就显得特别重要。在态度和爱心上要对学生有教无类，对受教育者提出整齐划一的要求肯定是不科学的。

中国目前中小学的教学模式是整齐划一的模式。就全社会而言，集中化教育的经济成本最低，但不利于学生的个性化成长。目前中国的科技创新能力与世界大国的地位不匹配。华为小米一类的公司都是在市场竞争中脱颖而出，阿里巴巴、腾讯、京东互联网巨头都是在政府对互联网管制非常宽松的时候产生的。但在国际上，和苹果、谷歌、脸书、亚马逊等相比还有差距。科技创新能力低下和中国僵化的教育体制有直接关系。

中国千千万万中小学生被高考的指挥棒牵着鼻子走，升学率成了学校教育成败的标志，考试的分数高低成为划分学生优劣的依据。互联网的发展正在打破这种格局。

中国以往的教育格局首先表现在教育资源的分布高度不均衡，偏远山区的学生无法和北上广大城市学生的先天物质条件相比。当互联网使信息的传播完全无地域后，这种差距正在慢慢减小。比如大凉山的放牛娃拥有互联网后，可以看着星星上互联网学习，其感悟天体物理发展的潜力，可能比在拥挤不见天日的大城市里的学生还要强。钢筋水泥浇筑的大都市正在丧失自然的灵性带给人类的启迪之光。投资学区房与未来发展趋势之间更是温水煮青蛙。

中国目前教育领域最大的陷阱是高中教育没有义务化，有一半的初中毕业生无法升入普通高中。而高中阶段的知识是人类科学文化向更高阶段攀登的桥梁。一个优秀的高中毕业生即使不上大学，其仍然具备自我拓展高等教育专业知识的能力。而初中毕业生几乎无缘高等教育专业知识的提升。对全社会而言中考的升学压力不亚于高考。良好的教育是认知的基础，从这个角度看，未来财富之门先向 50% 的人关闭了。令人稍感欣慰的是，大多数民众已经认识到高中教育对人生的重要性。依托社会力量开办的民办高中生意兴隆，财源滚滚。我们应该努力尽快把高中教育纳入义务教育体系，使之成为一项普惠的公共政策。

父母是孩子人生的第一位启蒙老师。孩子先天生理要素（包括智商）主要来源于父母的遗传基因。父母在教育方法上要做的其实只有四个字：言传身教。望子成龙是中国为人父母普遍的心态。但是自己智商低，不要怪父母了，自己孩子智商低只能怪自己了。

在中国目前的教育风气中，相互攀比之风盛行。在一些商业化教育培训机构迷魂汤式的不要让孩子输在起跑线上的口号误导下，上最好的学校请最好的老师，各种补习班课外班应接不暇，三岁的孩子也不放过。特别是，以考高分为目标忽略了教育的核心价值所在，忘记了受教育是为了做最好的自己，变成了一定要超过某某同学的相互攀比的不良竞争。

做最好的自己，就是只跟自己的过去比较是在进步。由于每个人先天的智力因素千差万别，横向比较只能是自寻苦吃、缘木求鱼。聪明的父母教育孩子只要求学习态度，不要求学习成绩。比如按时起床、按时完成作业、勤于家务等。事实上一个小学生如果能够自己按时起床、按时写作业，学习成绩怎么可能差呢？一个小学生能够饭后主动地收拾餐桌，打扫卫生，养成勤快的习惯，天道酬勤，未来怎么可能落后呢？一日之计在于晨，一年之计在于春，一生之计在于勤。

教育问题上有一个必须探讨的关键点，就是一个人的智力结构，也就是平常讲的哪个孩子聪明，智商和聪明可以理解为一回事，但和智慧却不能画等号。

人的智力高低主要有两个衡量指标：记忆力和运算能力。两个指标缺一不可。能记得住、算得开才证明一个人智商高。记住了，不会计算，计算能力强，却压根记不住，都不是智商高的表现。智商相当于计算机的硬件，有与智商相匹配的情商良好，智商才能发挥作用。

很难给情商下一个明确的定义，但有一个核心特征就是毅力，毅力是情商的核心值。平时讲坚持就是胜利，滴水穿石，百折不挠，精诚所至，金石为开，就是在讲毅力，一种坚韧不拔的持续耐力。

情商是智商发挥用武之地的保障。智商高的人不一定情商高，但情商高的人智商低的可能性很小。在日常生活中有的人智商不低，但就是情商低。一个人察言观色的能力高低，即是情商的外在表现。高智商低情商无法构成一个完备的个人智慧系统。

有个游离在智商和情商之间的媒介：悟性。悟性常常被大家忽略。悟性顾名思义就是感悟能力。平时讲无师自通、心有灵犀一点通、举一反三、触类旁通，都是悟性高的表现。

悟性既不是简单的智商，也不是简单的情商。可以把悟性理解为高智商和高情商之间的纽带。吃一堑长一智，有的人经常吃堑不长智，人又不憨不傻也很有毅力，其实就是悟性低造成的。话里有话、弦外之音、只可意会不可言传考验的就是一个人的悟性。

人的智商是个生理值，是个自然生长的过程，拔苗助长往往是自毁长城。情商是个变量值，情商是可以培养的。情商的提高主要来源于经验，经验的获取主要是两个途径：教育和自身的阅历。

教育从人的智慧系统讲，传授的是经验。自身的阅历丰富，积累的也是经验。情商的核心指标是毅力，毅力是可以培养和提高的。

“冬练三九、夏练三伏”从教育角度看就是对人的毅力的培养。三十而立，四十不惑，五十知天命，都是正常人经验积累到一定程度的结果。

如果一个人比其他同龄人的经验获取值高，当然成功的概率就高。穷人的孩子早当家，就是经历过世事艰辛早成熟于同龄人而可能带来的成功。

教育的功能主要围绕人后天的开发和培养，大多数人对孩子的教育都立足于智力的开发和培养，方向可能是错的。因为智商是一个自我生长的过程，有点像计算机的硬件或一个金矿的储量。能塑造的是孩子的情商。

学前、小学、初中、高中、大学五个阶段都是有明显不同的教育特征。

小学前的孩子的中心工作就是玩儿，玩是孩子的天性。只要不伤害自己身体，不对财物造成重大的损失，就是放开玩。只有在玩的过程中才能激发孩子的潜力。拔苗助长，对孩子过早地进行学校式教育，背多少首唐诗宋词、记多少英文单词都是没有意义的。不动手就不会多动脑，只有让孩子放手玩才有多动手的机会，才会使大脑处于经常接受刺激状态。

知之者不如好之者，好之者不如乐之者。

小学阶段的教育开始带有一定的强制性特征。你必须按时起床，最好在家能早读 15 分钟语文或英语。如果能坚持每天在家早读，胜过任何的课外班学习。让孩子发现学习规律要比上课外班更有价值。每天坚持早读背后的本质，是培养孩子的毅力，毅力和意志力的培养价值大于一切。学前放开玩儿也是让孩子有自由发挥的机会，无形中培养的也是毅力。

初中阶段的显著特征就是情感的教育培养。一个人有丰富的情感、真善美的思想境界是贯穿一生的历程。初中阶段的青春期特征十分明显，情感教育是重中之重。情和性是联系在一起的一个硬币的两面，人们常说的性情中人就是指这个道理。性是天生的，情是后天培养的。初中面临人生价值观初步形成的时期，孩子们的七情六欲逐步生成。情感教育的核心价值是是非教育。什么是对的，什么是错的，必须旗帜鲜明甄别清楚。

同情弱者是一个孩子建立是非观的基础表现，也是一个社会文明的刻度。如果一个人对弱者没有恻隐之心，别的都无从谈起。所有的文明刻度都是以对待弱者的态度为尺度的。现实中有的人见到了权贵豪门，男人腿软女人心软。通晓是非、敢于为弱者说话担当是一个优秀人才不可缺少的素质。青春期孩子的身心发育变化很大，情感教育另一个很重要的内容是让孩子学会控制自己的情感，把充沛的精力投入到学习中去，控制力是毅力的重要表现。

高中阶段的教育培养特征是理想教育。谈到理想教育，大多数人马上想到的是孩子树立远大目标。做一个科学家或企业家，成为马云、刘强东这样的人物，其实都不算是理想教育。高中阶段的身心由少年时期向青年过渡，已经初步具备了成年人的心智，是人生精力的巅峰时期，未来之门刚刚打开，即将迈入社会。理想教育的核心就是为人生可能实现的目标制定脚踏实地的行动方案。

千里之行，始于足下，切忌好高骛远。身高160厘米，非要和姚明比打篮球是没有意义的，姚明 80 岁你都未必能赢他。一个 18 岁的少年开口就要在人生的财富上超越马云也是一种奢望。制定符合现实选择的奋斗目标，成为激励他们前行的动力，是理想教育的核心价值。傻小子睡凉炕全凭火力旺，把他们人生最顶峰时期的创造力投入到现实理想目标就是教育的成功。三百六十行，行行出状元。

大学阶段的教育特征是自我教育。大学阶段年龄上已经成人，他们缺少的只是人生的阅历和历练。儿大不由爹女大不由娘，教育的内容和方向主要由他们自身完成。可怜天下父母心，很多父母无视这一基本规律，越俎代庖只能延长子女独立成长的周期。

教育共同的行为特征就是学习。学习从字面上看是两个维度：学和习。学就是接受所不知道的知识，习就是复习、温习。

把已学的知识高度熟练化和加深理解，学习是个终身的过程。青春期青涩，读到《再别康桥》引起内心悸动，青年后读是感受浪漫和冲动，成年后读是一种回忆，中年后再读到寻梦、撑一支长篙、向青草更青处漫溯……就会感受到人类环境丧失而带来的无限忧虑。没有自然的灵性去哪里寻找人性？

学习有四个阶段性方法和境界。

孔子曰，温故而知新可以为师矣。对这句话有两种解释，复习过去的知识有新的感悟和认知，也可以解释为复习过去的知识，不断地学习新的知识，就可以当老师了。就日常生活工作而言，如果能够把高中以前的知识炉火纯青地熟练应用已经足矣。能够把高中上大学以前的语文课本倒背如流，国文水平已经不可小视了。但大多数人实际上是做不到的，因为平时没有时间再重新温习过去的课本知识了。熟能生巧，学习和工作的原理是相通的，可惜大多数人意识不到。此情可待成追忆，只是当时已惘然。

学习的第二个境界是三人行必有我师。善于发现别人的长处和自身的不足是学习能力超越同龄人的具体表现。目空一切，唯我独尊是学习进步的天敌。

学习的第三种境界是不耻下问，甘愿做小学生。认为自己不如别人是进步的阶梯，碍于面子和嫉妒心而故步自封会使自己丧失学习的机会。爱学习不仅是一种品性，更是一种美德。知之为知之不知为不知是知也，不懂装懂，说明一个人的品德出现问题了。

学习的最高境界是诲人不倦。自己懂同时能让别人懂才是真懂。分享将是人生的最大财富源泉。教学相长，就是诲人不倦的直接回报。教授别人，提高自己。特别在互联网时代的今天，开放共享思维习惯将是一种时代精神，一切封闭与保守将在市场竞争中无立足之地。财散人聚、人聚财来也是这个道理。

在获取信息和知识成本极低的互联网时代，人们往往忽视基础知识的重要性。高中的历史地理语文还能倒背如流吗？互联网每天海量的信息摆在每个人面前，考验着一个人对信息价值的鉴别能力。我们必须有足够的基础知识在自己脑海里，这种知识也包括了经验的积累，才能具备快速甄别信息的能力。

不少人喜欢听手机学习，其实 App 里大多是一些碎片化的学习资料，不成体系。大部分人听完几乎回忆不起来听过些什么。这些学习的 App 本质上是娱乐节目，只是满足了人们碎片化的时间下学习的欲望。有些大咖讲中文学习，其实有时间坚持把《新华字典》背得滚瓜烂熟，你就是语言文字学家了。有了基础知识才能向体系化提升，《新华字典》是销量最大的单本图书，《新华字典》的知识内容没有重复。

白日依山尽，黄河入海流，欲穷千里目，更上一层楼。这首无人不晓的诗篇，名字和作者你还记得吗？作者当时登的是哪座楼？楼在哪里？现在在哪里？相信大部分人答不上来了。学习到一定程度，会发现知识是相通的，文学和历史是分不开的，历史和地理是一家的。如果你是个数学家、物理学家不可能不了解数学史和物理学史，捎带的就对古希腊的历史有所了解。爱因斯坦的伟大不在于他是个科学家，而在于他对核武器出现后对人类命运的影响和担忧的人文情怀。

无论科技如何进步如何发达，每个人自身掌握足够多的基础知识都是非常重要的，这样才能在碎片化的信息和知识面前不至于人云亦云、随波逐流，才能有自己正确的判断和筛选。对海量信息的筛选能力考验着一个人的学习能力。

未来浩瀚无垠的知识海洋在等待着每个人去获取，而且彻底打破了大学的围墙，你想获取的信息和知识可以随时在网上获取，但是判断力取决于你自身拥有的认知能力，这种能力又来源于长期的知识积累和经验的积累。

学习的方式会发生变化，但学习的本质不会发生变化。迎接挑战，牢牢掌握体系化的基础知识并不断地深度学习，而不是东一榔头西一棒子似的蜻蜓点水碎片化的学习，才能提升自己内在的整体知识水平。

学习没有窍门捷径，1% 的天分加上 99% 的汗水就是最大的捷径。书山有路勤为径，学海无涯苦作舟，耳熟能详的诗句路人皆知，认识到是真理并付诸行动的人凤毛麟角。

比如英语的学习，语言的发音和书写都是有规律的，是人类文明活动进化的结晶。先有了声音才有了文字的发明和传播，如果你不每天早晨大声朗读是不可能学好英语的，发声是前提。熟记背诵 2000 个单词后，自然就会发现发声和书写的规律。很多家长带着孩子遍访名师求问规律，无形中让孩子丧失了自己发现规律的能力和机会，其本质是一种投机取巧的方法论，本末倒置。

学习的过程就是发现规律的过程，也是学习的成果，而不是拿着所谓的规律去学习。语文两个字怎么写？语就是我要开口说话，然后写下来就是文，这个综合的过程就叫语文。先知道规律再去学习的心理，本质上是不劳而获，结果是不劳无获，好比学武术告诉你套路，不闻鸡起舞有用吗？

良好的教育和知识积累是不断提高认知能力的保障，也是未来财富之路上的阶梯。

3

传统财富观
与未来的冲突和困惑

过去 2000 多年，人类的财富共识就是对物质财富的追求和占有。农业时代财富主要形式是土地、庄园、金银财宝，工业时代主要以美元市值金融资产为标志，豪车、豪宅、飞机、游艇、古董等的占有为主要表现形式，日常消费晒出的是钟鼓馔玉豪门盛宴。

近现代工业化以来，物质产品的生产能力一直在增长。特别是二战以后近半个世纪，制造业的能力在无限制的扩大。工业品的生产成本一直在下降，中国人对这一点的体会应该更加明显。

30 年前一台电风扇要花 300 元人民币，今天 100 元左右还负责送到家。30 年前的 300 元是什么概念无须赘述。30 多年前一辆普通轿车要 15 万元人民币，今天一台 5 万元的车都比其性能好。30 多年前的 15 万相当于今天至少 300 万。

从生产增长的极限展望，人们所追求的物质财富在未来生产的边际成本将趋向零。人们所能想到的工业品要多少有多少，在工业品极大地丰富和增长的同时，人类原始的环境资源一直在减少。在工业化之前地球没有环境问题和危机。伴随着工业化的进程，环境问题才逐步扩散和加重。

如果说人类自身的囚徒困境使人类无法创造一个制度，去阻止人类对物质财富的贪婪和追求，一个必然的过程和结果就是出现上述危机。

传统的财富观在今天面临挑战。今天如果你还靠炫耀自己的豪车和游艇来显示身份，显然眼界和层次还停留在过去。能够看得见的未来所有的工业品成本极低甚至没有价值。在街上走路和骑自行车的可能是比尔·盖茨级的人物。人们对所有以工业品为身份标签的关注度越来越低。开迈巴赫背几十万的包已经不说明任何财富性问题，你可能拥有一个亿也可能欠别人一个亿。总之一句话，以展示物质财富而博取信用的时代将成为过去。

过往所有工业生产的本质都是降低成本，追逐利润。而现在，全球生产组织形式已经发生了根本变化。过去是以国与国之间的商品贸易为主，未来是以跨国界的协作为主。迟早有一天，飞机的价格就是今天一辆汽车的价格，甚至相当于过去一辆永久自行车的价格。你把车开走免费，只要把车的位置种上草皮，车就归你了。今天人们还在攀比谁家房子大，未来攀比的是谁家院子大，因为院子代表了我们真实的生存空间和对自然环境资源的拥有量。

20 世纪 80 年代末，中国发生了严重的通货膨胀。当时我还是个涉世不深的在校大学生，回到家里发现楼上的邻居大叔花上万元抢购了 4 台电冰箱。30 年前的 1 万元买 4 台电冰箱，今天 1000 多元的海尔胜过当时电冰箱的全部性能。如果当时抢购 100 台冰箱，放到现在一个家庭的命运估计都悲摧了，囤 100 台电冰箱都不如囤 100 个马桶盖保值。

近 30 年工业品价格的绝对下降，对冲了资源类商品的价格暴涨的真相和背后引发的社会利益冲突。工业品生产消费得越多，资源类商品的价格上涨幅度就越大。

人们对经济的发展和增长一直理解为 GDP 的增长。从本质上讲也就是工业品的生产和消费。商品生产多，消费多，才能满足 GDP 增长目标的需求。可人类制造业的能力在无限制地扩大，意味着商品越来越多，越来越便宜。

科技进步使人类不知不觉中进入了移动互联网时代。手机成为人们一个外挂器官，信息的传输成本越来越低，在看得见的未来，传播信息几乎可以零成本，于是滴滴共享汽车诞生了。人们可以很低成本实现商品的共享，极大地提高了汽车商品的使用效率。原来一个人占用一辆汽车，可能到报废年限车辆才跑了 10 万公里。而共享汽车模式的出现，可能到报废年限可以跑 100 万公里。简单的数学换算意味着减少了近 90% 的汽车购买需求。

从共享经济这个纬度思考，传统 GDP 在未来应该是下降的。移动互联网使人类进入了共享经济时代，一方面商品的制造能力无限制地扩大，一方面信息技术的发展可以最大限度地减少对商品数量的消费需求。如果人类社会未来的经济发生结构性的变化，那么人们追求物质财富的动力和实际带来的满足感，也将面临方向性的冲突。人们今天所追求和看重的在未来恰恰是没有价值或价值很低的。

如果说工业化本质是分工协作降低商品生产成本，而滴滴打车等共享经济的本质是人类协作消费，使工业品满足人类需求的能力得到几何级数的提高。

工业化时代组织工业生产的门槛，除了资金和技术限制以外，一个背后隐藏的很重要门槛是信息屏障。比如汽车发动机你根本不知道怎么生产。当信息在全球共享和知识开源的时代，只要你闲得手疼，你也可以生产。因为如何生产的信息获取成本很低。未来工业生产的利润会越来越低，其极限值是没有利润。

当前传统意义上的实体经济举步维艰，不是简单的经济周期问题，是人类进入信息社会以后，导致生产消费方式发生了结构性变化。当今时代有什么不能共享？建造了那么多房屋，互联网可以最大限度地把空置房的时间满负荷利用起来。未来我们会发现，可能压根就不需要那么多汽车和房屋，也不需要那么多的钢厂和水泥厂。传统行业竞争激烈，钱越来越难挣。普遍的感受是：我太难了。

滴滴打车和优步（Uber）是两大著名的共享汽车平台，目前两公司都处于大额亏损状态。在中国市场雨后春笋般的共享单车市场也是竞争激烈，你方唱罢我登场。未来这些公司将很难产生传统意义上的巨额会计利润，但仍然具有巨大社会价值。因为这些公司的软件的成熟度从社会角度可以达到复制级别，而汽车和自行车都是极其廉价可无限复制的工业品。如果作为第三方的中介公司产生暴利，和互联网消灭第三方的进化方向相悖。一旦你产生暴利，社会马上可以复制出你的竞争对手。单车市场不断更迭就是例证。

经济学教科书把人类的经济活动分为了三个产业。有个形象的比喻：第一产业养牛养羊，农业。第二产业宰牛宰羊，工业。第三产业吃牛肉喝羊汤，服务业。移动互联网正在快速催生第四产业，吹牛皮出洋相的文化娱乐业。

工业诞生了，超越了农业的利润率。服务业兴起了，超越了工业的利润率。人人自嗨的文化娱乐业盖过所有行业的风头，娱乐才是人性的最高需求。刷抖音比工作学习更让人上瘾，网红们的经济效益一浪高过一浪。

2G 是短信时代，3G 的成熟使微信走入大众生活，4G 的速度带来了小视频社交的春天。5G 来了，没有最火，只有更火。

共享经济会导致传统意义上的 GDP 下降。可能不需要建设人们谈之色变的核电站了。一些科学家大讲核电站的安全问题，其实人们所要求和期望的安全是一个终极的人文选择问题。你说安全，万一爆炸呢？比如让一个人睡到炸药包上或者棺材上，告诉他是安全的，只有鬼信，能不做噩梦吗？苏联切尔诺贝利的核爆炸事故的成本通通算上，核电站未必经济，因为人们做噩梦的成本没有计算。

北京现在有 700 万辆汽车，共享经济模式下可能 60 万辆汽车就可以满足人们的出行需求。路不堵了，天变蓝了，水变清了，大量的停车场可以变为绿地，GDP 下降了，可是难道我们变贫穷了吗？未来 10 年这种内在的冲突感会越来越加快对财富的重新定义，这已经不是简单的哲学层面的探讨。

在 20 世纪 90 年代，中国发布了汽车产业政策，核心思想就是鼓励轿车进入家庭。当时拥有一辆轿车是多少中国人的梦想，初学经济学的我感到十分不解，这种事情还需要鼓励吗？谁不想开豪车、住豪宅、吃大餐。好比一个父亲鼓励自己的儿子找对象要找漂亮的姑娘，母亲鼓励自己的女儿找对象要找高富帅。能找美女帅哥，谁会找武大郎丑八怪？

汽车产业政策的本质是中国过去长期维持了汽车行业的垄断格局，消费者最大限度地为汽车的行业高价买单，造成汽车厂商的高额利润。

经济学家应当呼吁的是市场竞争，而不是忽悠百姓去消费。消费不需要刺激，更不需要鼓励，有钱谁都想吃香的喝辣的。有茅台不喝非要喝酒精，这样的人如果你见过一定是在精神病医院。传统经济学家刺激消费的经济理论仔细琢磨就会觉得十分荒唐，简直就是一个脑筋急转弯的智力游戏。

中国改革开放以来的现代化道路，在路径选择上主要表现为工业化和城市化。工业化的主要政策选择是大力发展汽车工业，城市化则演变为房地产开发和农民上楼。

改革开放的核心含义应该是，改革就是对内搞市场化推进，能市场解决的政府退出，把资源配置的基础功能交给市场。开放就是融入国际竞争吸收国际上的先进经验和技术，前提是市场化改革。

市场经济的精髓在于充分竞争，中国在国际上有一席之地的行业都是竞争相对充分的行业。家电行业是国家较早放开管制的行业，在国际上有一席之地。互联网行业，政府早期未深度介入和干预，诞生了阿里、腾讯、京东等互联网巨头。汽车行业制定的产业政策管制较多，目前在国际上却无引领地位。

汽车产业的方向是新能源和无人驾驶，传统的汽车巨头都被特斯拉抢了风头，汽车行业逐步沦为一个夕阳产业。IBM 把传统的计算机制造业务卖给了中国的联想。传统行业被互联网平台公司和大数据云计算人工智能公司逐步取代。

以钢铁、汽车为代表的大工业催生了大城市，大工业集中在一起的一个根本原因是可以降低信息成本和协作成本。当互联网遍布全球，信息成本趋向零的时代，全球可以展开产品级的分工协作，规模经济的模式变得不是必须。城市化的内在经济逻辑正在逐步丧失，全球的经济行为趋势是分散不是集中。

当今中国加速城市化的方向可能并不是最优选择。比如共享汽车和单车的出现可以把现有的城市半径就地扩展20公里，工业品的廉价可以使农村低成本地改造上下水系统。农村有了互联网，有了交通工具和上下水系统不就是别墅区嘛。人为的拆迁运动只会造成巨大的社会财富浪费和通货膨胀，中国广大农村2000多年来形成的生态体系和文化传统被彻底摧毁。

中国整体上还没有走出洋务运动以来的工业化梦想和阴影，而此时全球市场已经发生了方向性的变化。市值最大的公司是苹果、脸书、谷歌、微软、亚马逊、阿里巴巴、腾讯等公司，不再是钢厂、汽车厂、银行等。互联网公司都可以在全球分布办公，不需要像传统大工业大工厂一样集中在一起。

以物质财富占有为目的传统的财富观在未来将持续地处于困惑和迷茫状态。

精英化社会结构消失
草根化兴起

提到精英，往往绕不开贵族这个话题。贵族主要在历史上表现为一种社会制度，而且贵族有很强的特点，就是继承性和传承性。贵族代表了权力、财富和地位，是一个特定的少数人阶层。正面理解，贵族则代表了一种担当和责任。

精英概念出现是近现代工业化以来的事情。精英一词最早出现在 17 世纪的法国，意指精选出来的少数或优秀人物。精英理论认为社会的统治者是社会的少数，但他们在智力、性格、能力、财产等诸多方面超过大多数被统治者，对社会的发展有着极其重要的影响和作用。社会精英中极少数的政治精英代表一定的利益集团，掌握着重大决策权，他们的政治态度和言行对政治发展方向和前景产生重要影响，决定了政治的性质。我认为必须分析这些政治精英，才能揭示社会政治的本质和规律。

人类近现代化主要表现为四个特征：工业生产的高度集中化、生活物理空间上的城市化、社会组织结构的中心化、人员身份的精英化。可以把这些特征称为老四化。人员身份的精英化是核心，这四化有机一体地构成传统社会的一套运作体系和规则。

大工厂催生了大城市、大机构，精英成为整个社会运转的灵魂人物，普通大众通过报纸广播电视，唯精英马首是瞻，跟随精英的一言一行。大众被有些社会学者称为乌合之众，他们的梦想是子孙后代成为社会精英，进入社会的统治阶层。

受教育背景成为社会精英最重要的身份标签。无论是美国还是中国，从小学到大学，进入名校成为大多数学生家长的首要追求。没有名校的背书，想进入华尔街舞台只是妄想，没有名校的光环，想进入中央银行各大金融机构总部连报名资格都没有。家族名校代表了你的能力和背景，普通百姓只有背影而已。老四化的社会结构特征一旦固化下来就意味着社会的精英化。

精英化和精英不是一个概念，精英化的含义就是社会精英利用其优势地位，反而享有了在利益面前的优先权，从而剥夺了普通大众的机会，甚至使普通大众直接受损。

社会精英在传统社会结构中外在的表现为财富和社会权力，其最大的优势是隐藏在其背后的自身信息优势。华尔街的丑闻哪个不是与内幕交易相关，交易的本质就是内幕信息交易。

近现代工业化以来，人类的各种经济活动和社会活动的频次极大增加，但是人类没有解决信息的同步传输瓶颈。尽管电报电话比起过去的鸡毛信已是天壤之别，但没有集中在一起就难以把全社会的信息传输成本降到最低。公司、银行、证券交易所等机构职能，只有集中在一起成本才是最低的，聚集效应才能体现出来。

名牌大学的围墙由于过去信息的传播方式和成本高，阻断了精英和平民之间的获取信息知识的平等机会。精英是知识的化身和信息的载体。他们学富五车，满腹经纶，社会必须由他们来统治和治理。芸芸众生因为没有机会获取去哈佛耶鲁读书的机会，而丧失了信息优势，中心化的机构只能优先录取那些有着巨大信息优势的名校毕业生。

精英化的社会博弈，造成社会精英可以利用其在大机构的优势地位而剥削大众。但是人类社会近几十年来，特别是进入 21 世纪以来，由于科技的发展导致的信息传播方式和传播成本已经发生了根本的变化，由过去一两百年的中心化传播方式过渡到了移动互联网自传播时代。

信息的传播成本越来越低趋向于零，过去在北大清华课堂上的名师讲座，只有现场的莘莘学子能够聆听到，而今天变为全世界的年轻人可以一起分享。精英所拥有的最大的社会信息屏障优势正在迅速消失。

从文化的表现上看，近 20 年已经在悄悄地发生变化。20 年前有个电影《阿甘正传》，阿甘是什么人？一个近乎傻呵呵的哥们儿，他唯一拥有的是真实，那些自认为比阿甘聪明和优越的人都挂了，只有阿甘活下来了。《阿甘正传》是个标志性的电影，宣告了精英化时代的结束和草根化时代的来临。10 多年前中国有个电影《疯狂的石头》，和《阿甘正传》有异曲同工之妙。一群口口声声喊着要注意自己素质的土贼，一旦把偷变为了抢，他们认为自己不专业而展开了很严肃的争论，过程中充满了精英意识。高人一等的洋贼反而挂了。电影通篇表现了对精英化意识的讽刺和挖苦。

进入 21 世纪以来，整个社会文化上的表现就是大众觉醒。文化艺术表现主流是颠覆，形式是恶搞。电影的表现最为明显，比较火的电影基本上都符合了颠覆和恶搞两个特征。

当精英在信息获取上没有优势的时候，草根化时代就到来了。信息面前人人平等，以往喊法律面前人人平等，为什么难实现？没有信息的平等，其他的平等就根本无法真正落到实处。今天尽管还有大量的不平等甚至冤假错案，至少大众知道的越来越多了。

草根化的含义就是当信息获取机会平等的时候，任何人都无法利用其过往的地位优势，剥夺别人，给自己获取额外利益。以往形成的精英化的社会结构随时面临草根们逆袭的危险。

过往每个人都向往精英化的优势身份地位，心理上有一种精英化的潜意识。骂人都是以贬低对方为主骂傻 ×，而今天听到最多的是骂人装 ×。骂傻 × 是精英意识存在感的表现，骂装 × 是一种揭穿精英化存在感的表现。

工业化时代报纸、广播、电视等被社会精英所控制，精英阶层高高在上，普通大众无法整体看到精英阴暗的一面。比如今天调侃知识分子白天是教授、晚上是禽兽，在过去可能会被主流社会理解为是对教授这种神圣职业的亵渎。因为以往信息不畅通，大众只看到了教授高谈阔论、满腹经纶、心忧天下的一面，无法看到教授下课后可能是禽兽的一面，即使有也被描述成了风花雪月千古美谈。

互联网把一切全改变了。越是所谓的精英，生活优越精力充沛荷尔蒙含量高，禽兽化的一面可能越丰富，只是以前大众没有看到。今天到处爆料的名人骚扰案只是冰山一角。白天当教授、晚上还当教授不符合人性。白天当教授、晚上当禽兽是多少人偷偷的梦想。白天清流、晚上风流本身并无对错和优劣，只是我们不应该美化和迷信某种职业。

天地本无心，万物贵其真。移动互联网使每个人回归真实的面貌。

草根化的内在经济逻辑就是不管什么人在网上都是平等的，你没有优越他人的优先特权。100 年前的亿万富豪的诞生，可能需要一个人一生的努力和积累。自从计算机和互联网出现后，富豪的诞生周期越来越短，越来越年轻。微软、苹果、谷歌、脸书、亚马逊、阿里巴巴、腾讯、京东、百度等创业者都是在很年轻的时候就已经获得了巨大的成功和巨额的财富。

比尔·盖茨时代的成功者仍然没有摆脱中心化的华尔街资本结构的依赖和控制。新成长起来的 90 后和 00 后，他们完全生长于互联网的环境，他们的思维习惯和文化行为习惯都将与过去的精英有本质的不同。特别是以比特币技术为标志的区块链技术迅速普及，导致个人行为价值化，可以直接通过互联网，利用虚拟币方式进行价值交换，完全摆脱了过去华尔街的财富游戏模式。

草根化取代精英化的结果就是你可以很牛很精英，但很快会被别人挑战和取代，你根本不知道高手在哪儿、对手在哪儿、何时会突然冒出来。

以前歌星明星上春晚就那么几个人，简直就是春晚钉子户。互联网的发展导致网红明星大量涌现，明星的个人价值实现不需要再依附于大的投资人和导演机构或嫁入豪门权贵。因为他们个人的价值很容易通过移动互联网长尾实现，每个粉丝给他们贡献 10 元钱可能就是数以亿计，这在传统报纸电视广播时代是无法想象的。

近几年来大家会发现明星嫁明星的多了，嫁权贵豪门的少了。互联网把网红明星直接变为了富豪，比如直播、抖音、快手等互联网应用的出现就是娱乐化、草根化、分散化的表现。中国有个大衣哥在家种着玉米地成了明星富豪，是典型的互联网时代草根逆袭的成功案例。而且他颇谙玄机，坚持做一个农民，娱乐到底。

草根化取代精英化的社会结构，提醒每个人谁装谁挂。一旦你认为自己是一个有优越感的人，可能被取代已经不远了，盲人骑瞎马、夜半临深池。

没有互联网以前，每个人的竞争对手都是有限的，互联网的出现使竞争在全球范围内同时展开。特别是自媒体的时代，每个人都可以发布信息，都可以记录信息，精英哪怕一点点恶行都会瞬间传遍全球甚至宇宙，包装伪装已成掩耳盗铃之举。

信息传播成本越接近于零，人类就越接近回到了原始的自然村落状态，每个人没有秘密也不会有隐私。

人类从工业化进入互联网时代以来，文化风格和行为模式已悄然发生变化。我们闭上眼睛想想，50 年前的华尔街个个西装革履，人模人样。再看看今天的扎克伯格，一直是一件套头文化衫，几乎见不到他穿西服。在中国也很少有人再穿西服。目前街上主要有三种人穿西服：保险代理、房屋中介和想忽悠你的人。

工业化以来不断的分工和大机构的集中行为方式导致了华尔街精英模式的固化，而互联网的普及打破了过去的一切。人们的工作时间地点都逐步不再受到地域的限制，线上线下逐步模糊，高节奏的生活工作规律，使人们生活场景和工作场景逐步地融合。特别是工业品极大丰富，信息来源十分充分，西装革履皮鞋锃亮，已不再是成功人士显示地位、财富和严谨度的标配行头。

未来将无法区分线上线下、床上床下有何区别，相信再过 20 年，00 后成为社会的主流，国家元首之间会见时也将是被裤衩拖鞋代替，奏乐鸣礼炮已经成为没有必要的消耗。信息的充分表达使整个社会神秘感消失了，没有神秘感，仪式感将逐步被娱乐化。即使有仪式也像今天广泛流行的真人秀节目，只是表演而已。不是要君临天下，而是要大众一起娱乐。

真善美的前提是真，核心是善，美是结果。无论是精英还是草根，把最真实的一面表现出来，将是草根化时代的文化主线。任何想影响大众、甚至愚弄大众的想法，都将成为娱乐化题材被一笑了之。你笑得越无邪，市场就爱你爱得越狂野。装嫩卖萌将成为一种娱乐化流行现象。

5

传统金融市场的崩溃
和未来价值的重塑

1792 年 24 个证券经纪人在华尔街梧桐树下签署了《梧桐树协议》，标志着纽约证券交易所的诞生，而美国证监会的诞生是 140 年后的事情了。

第二次世界大战后，全球金融市场唯华尔街马首是瞻，华尔街交易所和证券公司里聚集了大批的社会精英，投资银行家享受着千万甚至亿万美元的高额薪酬。

中国证券市场诞生 20 多年来，以证监会、交易所、证券公司、基金公司、上市公司等组成的制度体系，完全延续了中心化和精英化的形态。与美国相比，行政审批是我国的最大特色。

工业化时代形成的中心化结构有其时代原因，就是为了降低全社会的信息搜寻成本。在没有电报技术之前，妖言惑众的收益率是最高的。在互联网时代，人类社会从来没有像今天信息收集和传播成本之低，甚至可以忽略不计，谣言被戳穿的边际成本也越来越低。

在工业化时代交易所的席位是有物理空间限制的，而在互联网时代，一切都电子化和虚拟化了。传统的证券交易分场内和场外，这不是美国政府安排的结果，是物质条件决定的。计算机技术的发展推动了纳斯达克的联网交易，打破了纽交所一统江湖的地位。近几年互联网技术由 IT 向 DT 转变，如果没有法律层面的限制，任何一台服务器都可以成为一个交易所。

工业化时代需要中心化的证券公司代理，因为无法做到每个股民到交易所门前排队下单。今天一切都变了，支付宝的余额宝在几天时间内就可以聚集数以千亿计的资金，而且没有资金门槛，在手机互联网时代一切弹指一挥间完成。

今天所发生的一切都和信息传递成本的极大降低有关。人类真的回到了村落时代，在网上发声，就像村民在自家的房顶上喊自己孩子回家吃饭一样，全村的人都能听到。个人投资者不再需要依赖机构和华尔街投资银行家产生交易行为，传统代理关系的技术基础已经不存在了。

能够给人类带来繁荣发展的基本因素有两个：新技术的应用和经济制度变革。

标准的市场经济有三个特征：交易标的的产权必须清晰、准入放开、价格自由。比如中国的石油市场就不是市场经济，因为其准入和价格都未放开。标准的市场经济是一种理想状态，现实中每个国家的历史和具体国情不同，都是妥协的产物。相对于计划经济，中国的改革开放成果举世瞩目。

市场体系有三个基本要素的流动：资金流、信息流、物流。三个流本质上是三位一体的，不存在资金可以自由流动，而信息流和物流受管制却有效的市场。

中国的改革过程本质上是市场化的过程。判断一个举措是不是市场化的改革，关键看其是否符合产权清晰、准入放开、价格自由的三个基本特征。衡量成败的关键是看你能不能降低信息流、资金流、物流的成本。

设立上海和深圳证券交易所是中国改革开放的重要成

果，极大地推进了中国计划经济向市场经济的转型。由于历史包袱形成的路径依赖，改革的目标和市场的期待还有很远的距离。

中国多层次资本市场建设的思路仍然停留在计划经济思维模式下，是电报时代的技术逻辑。互联网技术的发展已经没有场内场外之分，多层次的市场格局依靠的是国家法律层面的强制力在维持，已经成为市场发展的桎梏。

如果允许阿里巴巴、腾讯、京东等开设证券交易所，他们的交易效率和可靠性不会比上海、深圳交易所差。历史证明只有充分竞争，包括交易所和上市公司的数量竞争才是对投资者最大的保护，才能带来真正的繁荣。

传统资本市场面临着一场结构性的崩溃，买卖双方直接交易、去中介、消灭第三方是互联网时代的历史使命和时代特征。以监管部门为首的管制成为事实上最大的第三方和中介机构。中国证券市场在未来转型的压力巨大。

中国股市大概有 3000 多家上市公司。分为主板、中小板、创业板、科创板。中国上市有极高的门槛，而且需要漫长的行政审批时间。中国大约有 1 亿股民。公司上市的门槛可以比作九天揽月，整个国家的资本市场的资源被仅有的3000多家公司占有了。换个角度看，可以理解成3000多家上市公司在收割全中国的股民，股民想在股市普遍赚钱比五洋捉鳖还难。

中国资本市场有一个名为“新三板”的场外市场。在这里，中小企业挂牌上市的门槛很低，但是投资的门槛极高，要求有500万的金融资产。这里虽然有1万家挂牌公司，但交易规模可怜得不如一个乐视股份的交易量。从另一个角度讲，这1万家中小企业成了证券公司等机构的韭菜。可以这么说，在深交所上交所上市的几千家公司收割1亿股民，而在新三板市场挂牌的公司倒过来被机构大户收割。

两头市场都与散户无缘。这种格局完全窒息了整个市场的资源配置功能，阻碍了通过资金的自由流动体现出来的资源流动。一个乐视网最高的时候市值近1400亿人民币，如果市场买卖是自由流通的，一个乐视市值能拯救中国上千上万的中小科技企业。

垄断发行有一个初衷是保护中小投资者，认为中小投资者没有风险识别能力，需要监管机构的保护。但事实上在一个高度垄断封闭的市场里上亿股民的利益怎么可能仅靠监管部门保护。

有些中小散户有一种极强的民粹精神，特别是每次有大的股市暴跌，总是寄希望于监管部门的出手救市。小时候，母亲卖猪前总会让猪拼命地吃，我一直以为是为猪好，长大后才明白其中的套路。救市的核心动机在于担心危机导致整个资本市场垄断体系的崩盘而无法维持。

信息传递成本极大的降低，甚至趋向于零，是导致传统资本市场结构性崩溃的根本原因。传统的 IPO 项目上市成本巨大，中小微企业根本无法负担运行成本。而今天网上发布已经代替纸媒体发布，云端传输已经可以替代以往必需的现场审计。企业信息痕迹网上留存，揭穿虚假信息的成本越来越低。

每只股票开通像淘宝、京东买家评价一样的大众点评，可以极大地提高社会监督的力量，其威力不会亚于监管部门的力量，而且成本极低。一块钱可以充到支付宝余额宝理财的年代，为什么要有那么高的门槛才能买卖股票呢？在淘宝、京东上买卖股票和买卖手机、猪肉有本质区别吗？支付宝就类似于中央结算公司，大众点评的高效率同样在股票市场有效。

奢望投资银行家把最好的公司项目呈现给投资者是不现实的。像长工委托地主找媳妇一样，博弈到最后好媳妇都让地主先占了。生命诚可贵，爱情价更高。若为自由故，二者皆可抛。只有自由竞争才是市场的灵魂和灯塔。

近几年来各种 P2P 和资金盘泛滥，跑路事件频繁发生，有几个原因是不容忽视的。改革开放以来，中国的 GDP 一直在高速增长，规模在世界第二，仅次于美国。但中国的货币发行量在全球遥遥领先。40 年前，万元户是多少中国民众的梦想，今天的万元户在任何一个三四线城市，可能是个困难户。

现在一个建筑工人的月工资也在 5000 元左右，中国积累了百万亿级的储蓄。但中国金融市场化程度很低，传统金融体制高度垄断下，金融行为离普通百姓很远，小微企业的融资难问题长期得不到解决。

互联网技术的发展却使金融行为可以细微化、小微化，可以不再依赖传统的金融机构的撮合，在技术上一元钱可以投资的时代来临。传统主流金融机构并没有顺应这一历史潮流，各种 P2P 和资金盘正是利用了这一陈旧体制的缺陷。家里吃不饱，外面会乱搞。

互联网时代的长尾理论在 P2P 和资金盘被利用得淋漓尽致。一个“你中了大奖”的 20 元邮资诈骗能使百万人卷入。如果在电报时代，骗子给 1000 万人写信，成本就要几百万，1% 的人上当，根本无法收回成本，骗子会哭死在马桶里。在互联网时代，让 1000 万人知道的骗局成本可能就是初始的几百元带宽成本，1% 的人上钩就是百万的收益。上千倍的投入产出回报必然有人以身试法，丧尽天良，收割贪心的韭菜。

微信支付、支付宝、P2P 等都是利用互联网技术普及成为崛起的新兴金融力量。各种传销资金盘的非法性和社会危害性不容置疑。

这些相对传统金融机构的新兴力量，是以传统法币为前提，都是在既有的中央银行体系下运作的金融行为，即使对传统的金融市场有冲击，也是大水淹了龙王庙还是一家人，传统金融的属性不会有根本性的改变。原来平台化、中心化和中介化的传播方式并没有根本的改变，无非由银行等传统的金融机构的蛋糕让位一部分给了阿里巴巴的支付宝或微信支付。

但是近两年逐步热起来的区块链技术正在悄悄地从根本上改变过往的一切。

区块链是什么？大部分人把区块链当作十分高深的科技看待。其实区块链的技术并不复杂，它只是人类的科技进步导致的信息传递成本低到一定程度后，可以实现点对点传输信息，而不需要第三方的一种加密技术。二三十年前区块链技术原理就已经比较成熟，只是整个社会的科技水平没发展到区块链技术能够低成本的实现而已。

当智能手机成为人类的一个外挂器官，大部分时间睁开眼睛你要摸的是手机不是别人。今天微信 500 人一个群，从技术原理上讲可以 13 亿人一个群。每个人都在以很低成本发布信息，每个人都在以很低成本记录信息，你在微信群里发布信息，同时有 499 人在记录你发布的信息，在群里你是无法篡改的。

从技术上考虑，暂时忘掉背后的腾讯服务器，设想未来技术和设备成本更低、性能更高，人们可以自由地组织一个没有第三方作为中心化服务平台的网络，这个世界将会怎样？

基于区块链技术的应用，人们可以实现点对点的信息传递、信息不可篡改，这些意味着互联网将由信息互联网过渡到了价值互联网时代。

2009年出现的比特币其实是区块链世界的第一个应用。当时大多数人没有认识到区块链技术对整个下一代互联网变革的深远意义。

比特币的学术定义叫作“点对点的现金支付系统”。以往的金融转账行为都是由自己的银行账户提出，资金由所在银行发出到中央银行的结算中心，再到对方银行和对方所在开户行的账户，相当于你的钱放在别人的口袋里，而且随时面临货币超发带来的贬值风险。

比特币是一个互联网协议，你所拥有的币在你的地址上，而私钥在你自己的手上，只有掌握私钥的人才能发出转账指令。整体上比特币的数量是固定的，在现有的技术条件下，还无法对比特币的私钥进行破解。发生对比特币网络体系攻击的悖论很难成立。

比特币出现后又出现了一系列基于其原理的加密数字货币，特别是以太坊的出现使加密货币市场发生了根本性的变化。基于以太坊的生态体系，每个人都可以发行自己的数字资产。虽然这个体系还不成熟，经常有转账慢、成本高和网路堵塞等问题，但方向一旦确立，市场总会有办法解决。

竹外桃花三两枝，春江水暖鸭先知。由于比特币的技术原理并不复杂，刚来到世界上并没有引起主流人群的注意和重视。从记账挖矿到早期参与开发买卖的人群，所谓的顶级科技人才、科学家很少，基本上都是一些技术极客、投机分子和传销群体在参与。

以太坊是加拿大一个叫维塔利克（Vitalik）的 19 岁程序员最先设计开发的一条公链，一个 19 岁的年轻人能有多高深的所谓理论素养。敢于想象和行动是他们的天然代际优势，让一个传统的诺贝尔奖科学家去设想一个技术发明，去挑战过去两百年精英化的中央银行体制，几乎是不可能的。以太坊智能合约的出现，彻底动摇了华尔街的技术基础。

作为一个群体，最先加入进来的是三种人。部分技术极客和庞大的传销群体和少部分的诸如贩毒等地下产业。

中国改革开放初期，先穿牛仔裤和摆地摊干个体的大部分人，当时被主流社会看作不三不四、不务正业，也是一帮边缘化的人群。比特币在区块链市场的早期参与者和中国改革开放初期下海人群有着惊人相似。

比特币 2011 年在中国市场大概 10 美元，2013 年达到了 1000 多美元，2015 年跌到了 150 美元，2017 年底、2018 年初达到了令人吃惊的近 2 万美元一枚。

早期参与比特币等数字货币买卖的资金盘群体甚至发行了各种山寨传销币。这一社会现象至少说明一点，区块链的技术并不复杂，各种各样的传销币应运而生，雨后春笋般地野蛮生长。传销市场没听说过推销火箭和绕月工程的，因为技术工程难度确实很大。

一项技术如果要引起社会革命性的应用和变革，应用必须足够的简单。航天飞机上天无法改变过去高度中心化的金融体系，但是区块链技术在互联网条件下的简单应用，可以吸引足够多的人群参与，可以改写整个未来社会结构。

区块链技术引发的社会变革将悄然渗入日常生活

讲到区块链技术，大多数人理解为一项十分高深的科学技术，很少有人从社会学的维度去理解区块链到底是什么、意味着什么。

2015 年区块链概念在全球迅速走红以来，各种介绍区块链的书籍层出不穷。区块链经济的特征一般被广泛概括为分布式、去中心化和不可篡改。而区块链世界的第一个应用比特币被主流社会污名化，被形容为像荷兰郁金香那样的世纪骗局。特别是在早期，主要是一些传销资金盘的活跃介入，更让人容易感到一头雾水，似乎更加坐实了比特币就是世纪骗局。

现在普遍使用的区块链技术在二三十年前就已经有了，为什么今天火起来了？火到什么程度？只要目前的上市公司和区块链概念一接触，没有三个涨停板，都不好意思说搞区块链了。

从技术的角度看待区块链三个特征，大多数人不容易搞明白，但如果从科技发展和社会学的维度更容易理解。

比如在农业社会，一个祖祖辈辈居住在一起的村落，两个大妈站在村口吵架，全村的人都围着看吵架的过程，村民们都看到了，每个人都记在心里，这个吵架的信息就是区块链的典型状态。两个人的言行记录在每个村民的心里，整个信息的记录就是去中心化的、分布式的、不可篡改的，因为它被分别记在每个人的心里。

每个人都有微信群，500 个人一个群，暂时忘掉腾讯的存在。张三在群里说请你吃鲍鱼，500 个手机会有记录，这条信息就是去中心化分布式不可篡改的。张三在自己手机里删了是无法使该条信息消失的，除非腾讯的服务器在后台做手脚。腾讯的微信是一个中心化的超级传统互联网体系，他可以修改数据，而且用户产生的数据价值并不归用户，腾讯既可以行善也可以作恶。

手机越来越便宜，功能越来越强大。我们暂且不去技术上探讨手机具体会演化成什么状态，只探讨网络的无处不在，利用区块链技术可以实现手机之间的自主点对点交换信息。手机本身也具备信号发射功能，可以不依靠微信的第三方中心化的服务器和移动网络，二三十年前的技术随着设备终端低成本的普及成为可能了。

以前的储存也倚仗中心化的庞大储存中心。设备成本的降低使每个家庭的路由器都可以是T级别的，区块链技术可以实现把信息分散储存在不同的节点，而不是在腾讯或百度的中心化服务器里。科技的发展导致信息的传递成本为零或接近于零是两层含义，发布信息交换信息成本低、储存成本也低。

比特币是区块链世界的第一个应用，直接实现了点对点的价值传输，也就是地址对地址的价值传输。那么通讯也可以实现个人点对点的直接加密通信传递信息，而且不受第三方的控制，根本原因是智能终端普及了。

即使是中心化的信息传递模式，也逐步被信息的低成本传递给颠覆了。微信、微博把传统的媒体市场基本吃掉了。即使微信和微博能屏蔽信息，但屏蔽之前已经有无数个节点截屏了，信息早已瞬间传遍全世界。抖音、快手等把传统电视台的娱乐功能替代了。发展方向是新闻、娱乐、知识传播一体化。

信息的传递成本趋向于零和区块链技术的结合会逐步体现出对社会生活的悄悄变革。一个显著特征就是现实的经济世界可以对应映射到虚拟世界，现实和虚拟的融合成为趋势，未来逐步变为常态。

在淘宝和京东购物，从下单开始，你的宝贝的每一步操作流程在手机端 App 都可以看到，而且快递员走到了什么地方，地图上一目了然。

快递业的发展形态能很好地体现区块链去中心化、分布式的社会学含义。过去邮件只有中国邮政一家提供服务，必须到指定的邮局领取。而今天快递小哥短信群发一下领取快递的地点随时可以变化。没有城管的地方随时就是一个临时邮局。没有刮风下雨时候，在大学等人口集中的地方，快件往地上一铺就开张了。根据不同时间段、不同地区的快件多少在变换地点。因为信息畅通，具体空间地点的物理限制被打破了。信息在虚拟空间的无阻隔，现实世界的各种资源可以低成本自由组合。顺风车拉的是人，拉货物也成立。市场的演进是个过程。

假设家喻户晓的茅台酒利用区块链技术实现营销体系。每年生产多少瓶茅台可以实现公开，在区块链上发行对应的茅台币，一个币对应一瓶酒。因为茅台的生产经营行为数据在网上及链上是公开的，而且发行了多少茅台币和真实的对应茅台酒可以公开跟踪，茅台公司无法作假。虚拟世界的茅台币和现实世界的茅台酒产生了对应关系。看似简单的一小步，却是未来人类社会进步的一大步。

消费者可以购买茅台币，放在自己的区块链电子钱包里，因为是加密货币，个人是无法伪造的。如果你想购买1000 瓶茅台酒，在过去存放是一个障碍，而且一旦个人储存，除非喝掉，否则等涨价卖掉是一件十分困难的事情。那好，你现在电子钱包是可以点对点转让茅台币，这种转让行为并不需要茅台公司的同意，如果你要喝酒可以用茅台币去茅台公司或京东的仓库把酒提走。

以上场景对传统互联网技术和区块链技术的结合应用是一件容易的事情，可以说根本谈不上什么高深科技的概念，但是简单的应用在未来却会带来革命性的变化。

过去无论你购买多少瓶茅台酒在家里存放，从本质上讲是消费行为。因为你无法把家里的酒大规模地流通卖掉，更无法低成本地转让流通，让别人相信你的酒是正品难度太大了。但有了茅台币，只要茅台公司不发生经营意外，你不喝酒就可以把茅台币转让。因为是区块链加密数字资产，无须让证即可转让，区块链技术把消费行为同时变为了一种金融投资行为，意味着茅台股票在未来消失了。传统的中心化网站，因为不透明，人们无法监督茅台到底发行了多少茅台购物券、生产了多少瓶茅台酒。

人类近现代工业化以来一大创新就是诞生了公司制度。公司制度使生产经营和消费行为发生了分离，生产经营和投资行为发生了分离。如果想投资茅台只能买其股票。而区块链技术的普及，在不远的未来将改写人类社会公司组织构架的体系。

当然需要完善细节很多，比如茅台酒的实物储存等，相信市场面前这些都不是问题。这一简单的区块链应用将揭开历史的新篇章。因为茅台酒的价值对应关系，人们直接持有茅台币要比茅台股份可靠安全。茅台股票要消耗巨大的第三方成本。茅台股份作为公众上市公司，每季度、半年、年报等审计需要第三方中介机构的配合。证券公司、会计师事务所、律师事务所、交易所等是个庞大的服务体系。茅台股份万亿市值中部分也可以理解为社会付出的第三方代价。茅台酒的销售逐步由茅台公司通过互联网面向消费者，中间销售商已经没有存在的必要。茅台公司作为一个国有控股的企业，上链过程可能会比较漫长。鹰击长空，鱼翔浅底，万类霜天竞自由。茅台不干，有人干。销售直接面向消费者了，茅台上链只是时间问题。

茅台币会成为一种变相的通货支付手段。在未来，朋友之间斗地主，支付的可能是一个茅台币，月底也可以交给爱喝酒的房东两个茅台币作为房租。当然这是一种设想，但不会太遥远。

微信替代短信，支付宝、微信支付消灭现金和银行卡在 10 年前谁能想到这么快。信息成本越来越低，区块链普及应用的客户端会更加成熟和完善，相信达到像使用微信和支付宝那么方便的时日不远了。几年后也许村口的广场舞大妈手机里都装有电子钱包，大妈打麻将支付的是镇上小酒厂对应的数字代币。

没有中心化的服务器，大量的交易数据会分散储存在不同的节点上。比特币的挖矿本质是对整个比特币网络体系的数据记账并分得记账权而获取比特币奖励。将来万物上链在技术处理上也就是个比葫芦画瓢的过程。

茅台上链，只是一个为了说明场景的例子。只要现实世界和未来的虚拟世界的对应关系一步步加强，物物交换就会一步步向我们靠近。就像今天外汇牌价在银行的大屏幕上不停地滚动，未来信息的传递成本和处理成本极低，所有物物之间的比例兑换也是可以瞬间通达的，一瓶茅台酒兑换几条中华烟不是梦想。

区块链可以把传统的高大上的金融行为微小化。

比如已经广泛渗入人们日常生活的滴滴打车，以往一个人买一辆汽车自己开是个人消费行为，加入滴滴后可以让别人搭乘就变成了一种生产经营行为。但如果一个司机只有 10 万元，想买一辆 20 万元的汽车跑专车，找传统的金融机构贷款是一件很困难的事情，找朋友借钱，因为是经营行为，朋友救急不救穷，也很难借到钱。

现在我们设定一种场景，每天司机跑多少单、去了什么地方、消耗了多少汽油，在现有的互联网条件下把数据展示清楚都不是问题。利用区块链的智能合约，司机可以对亲朋好友发个代币。比如 10 万份也就是 10 万元钱，假如每天每万元分给大家 5 元钱，相信一定有朋友愿意参与，因为可以实现 18% 的年回报率。因为是加密智能合约不可篡改，而且可以转让给其他朋友，过去的借钱救助行为就变为一种微小化的金融投资行为。

过去的信息传递成本高，上述这些都是无法实现的，今天正一步一步变为现实。因为区块链技术的创业者们正在快马加鞭地开发更为简单的智能合约应用，不远的将来，这一切一定能够像设立一个微信群一样简单。

以此类推，小区的一个早餐店、理发店、修鞋店，都可以通过区块链技术实现金融行为的小微化和普惠化。

区块链世界的透明和无须第三方核准可转让流通是关键。在传统金融体系只有证券交易所等大型金融机构可以实现中心化的托管流通转让，而且社会成本极高。一个滴滴司机的股份和一个洗脚店上市，在传统华尔街金融体系面前简直就是小蝌蚪想吃天鹅肉。

信息传递成本低是这个伟大时代的特征，传统市场占据信息优势的中心化机构将会被潮水般的小微经济行为取代。

比如保险公司天文数字的保费收入，真正用于保险救助的比例很低。在互联网条件下，大量的互助保险应运而生。微信朋友圈发一个每人一元钱的求助信息，可以很快筹集数以 10 万计的救助资金。因为在手机上动动指头可以支付一元钱，而不需要到银行排队半天，消耗巨大的交易成本。即使被救助的人是假的，一元钱的损失谁会在乎？而且验证获取信息的真伪的成本也很低，信息的低成本和区块链技术的结合将彻底替代中介成本极高的第三方中心化机构。

区块链化实现的是现实物理世界和虚拟世界的对应关系，最后一公里解决的是人本身上链的对应关系问题。

现有互联网条件下，要求手机和微信等都是实名制。其实即使不是实名制，锁定一个人也不是困难的事情，因为一个人在互联网上的痕迹是多维度网格化的，找到一个真实的痕迹点就可以锁定你。

区块链世界可以直接把人的身份上链，比如目前的科技可以低成本地获取一个人的DNA数据，可能同卵双胞胎数据在目前技术条件下会有重复，但未来科技总是可以解决这个问题。是不是在未来可以把一个人的DNA数据作为虚拟世界的地址即公钥，相当于今天的身份证号或银行账号，把指纹、虹膜等生物特征作为私钥密码，真正找到人本身在现实世界和虚拟世界结合的解决方案，彻底解决去信任化的难题。

最后一公里——人的上链将是世界区块链化的最大攻坚战。

主要障碍来自几个方面。首先，目前整个区块链的市场规模还非常小，能够被主流社会普遍接受的区块链应用还没有出现，比特币以太坊等还停留在初级阶段，市场是最革命性的因素，市场的出现还需要时间和科技的积累。其次，人类DNA数据是目前主权国家严格管制的数据，人的上链与传统的监管体系冲突太大。

人的上链，伦理冲突是最为底层的冲突。人类工业化以来的专利保护、知识产权保护、隐私权的保护等是近现代民商法立法的基石。在信息相对闭塞的工业化时代，专利和知识产权的保护，首先有中心化的专利和知识产权机构注册强制保护来完成。在互联网高度发达的今天，由于绝大多数信息的发布在网上都会有时间的痕迹，抄袭和仿冒是可以很快检索出来的，而且真伪很快可以被市场甄别。在原创和内容为王的今天，有价值的创新在被抄袭和模仿之前已被市场广泛地知晓并占有市场，剽窃者未必能得到便宜和好处，而且还面临司法的惩罚。

区块链技术的不可篡改性，发明创新在链上确权将无可争议地对后来的侵权者予以市场惩罚。在未来区块链世界，专利和知识产权机构的确权可能是个伪命题。下一代整个互联网的区块链化，创新的产权保护会是区块链世界的天然属性。举个目前大家都能感知的例子，一个文章在五年前就在网上发表了，一个人抄袭后今天在网上发表，是否盗版一目了然。区块链技术只是把这种信息的行为更加固化和不可篡改。

未来区块链世界如何处理好个人隐私是个非常有挑战性的法律和伦理问题。好比太监抢媳妇是个比较简单的法律问题，而太监娶媳妇却是一个非常复杂的社会伦理学课题。

隐私是一个动态的历史概念。在古代农业社会，整体的社会结构非常相似和稳定。村庄与村庄鸡犬相闻，老死不相往来，没有隐私的概念和保护的必要。而且在同一个宗族为半径范围内的村落里，每家每户根本没有秘密和隐私可言。大家朝夕相处，抬头不见低头见，谁行谁不行，村民都如一家人般的了解。

进入近现代商业经济社会，以权利和商品利益交换为纽带的社会结构形成，打破了小农经济温情脉脉的面纱。伴随着近现代化法律体系的建立，有了隐私保护的概念，只有公权力和公众人物没有隐私可谈。

由于绝大多数普通民众的个人行为不牵涉到公共利益，他们的私人信息受到严格的保护。但是普通大众谁会去扒你的隐私，构不成消费热点，就是个悖论。媒体扒明星隐私积极性很高，因为大众很关注。

在互联网高度发达的今天，没有一个人有真正意义上的隐私。无论你的出行、购物、开房、医疗等数据，在网络平台里都看得一清二楚。你每天跟谁在交流、跟谁在互动等，腾讯全知道，只是你的小秘密没有传播的价值。

过去信息不畅，对朋友要讲真话，对老婆要讲假话。因为对朋友讲假话就没有朋友了，对老婆讲真话就没有老婆了。今天世道变了，对朋友对老婆都要讲真话。在电报、短信时代，明明在酒吧喝酒，却说在加班，这样的场景现在没有了，只是配偶不想知道你到底在干嘛。

在信息传输及时的年代，隐私已无处可藏。人类需要培养的是包容能力、揣着明白装糊涂的人设和大智若愚的心境。

人的上链实现点对点的价值和信息交换，将打破现有互联网平台对数据的垄断和对个人隐私数据的占有。个人上链虽然可以点对点发生关系，因为是加密数据可以保护隐私，但由于人上链后，个人的身份不可隐藏，会导致个人刻意隐瞒的难度加大。从根本上讲，当今世界的信息成本越来越低，隐私的空间也越来越小了。

传统的中心化的互联网平台像京东、阿里巴巴、微信，掌握着你的隐私，但有法律震慑不敢说。未来去中心化后，你的隐私数据大家都知道，但也懒得说了，因为你可能没价值。

在互联网上新成长起来的一代，每天在朋友圈个人空间晒着自己的一言一行，表明实际上隐私的观念也在淡化。

未来区块链化的世界如何处理隐私的问题，将由社会本身的发展而定，现在很难给一个明确的定论。

相信不远的将来，比如谷歌、脸书等互联网巨头会发行自己的稳定结算货币。如果这些传统的互联网巨头发行了自己的数字货币，将直接挑战美联储的地位，全球整个以中央银行为核心的金融体系将发生动摇。

基于区块链技术的数字货币天生就是无国界的，类似于锚定茅台酒实物资产的茅台币也会雨后春笋般地出现。

未来人们最为宝贵的东西将储存在虚拟空间里，当前现实就是手机丢了比钱丢了更让人着急。历史地看，一场以虚拟货币为核心的世纪资产转移运动才刚刚拉开大幕。

转移的轨迹就是由近现代化以来形成的中央银行货币体系向分散化的可对应的非中心化的数字资产体系转移。

在未来交易和支付也是融合的趋势，比如一瓶茅台酒的代币（token）兑换几瓶五粮液，交易过程也是支付的过程。

这场区块链运动在微观上是一个个人行为价值化的过程。比如以前看广告不会有回报，现在看广告可以直接回馈你代币（token）了。骑共享单车贡献的数据也可以奖励你代币（token），甚至未来骑行免费，只要贡献你的数据就 OK 了。你教我英文、我教你汉语，不需要支付，被行为本身的价值化对冲了。你自身的直接交换价值决定了在未来的位置。

目前的行为价值化的奖励在有的平台里已经以积分的面目出现。

宏观上的资产转移运动，微观上的行为价值化将是这场世界区块链化的最为重要的两个经济学维度。

比特币来到这个世界上，未来是否会成为世界的中央银行？就目前情况看，其转账确认速度慢和价格的高波动性，它根本就无法成为支付货币。

未来是万物上链万物互联形成的直接交换的世界，比特币更符合虚拟黄金的定位。也可以理解为未来区块链世界的股票，或把比特币体系比作一个世界银行，比特币就是其基础货币，到底这个生态体系能进化成什么样，认知有限，无法预测。用今天的支付场景套在未来的形态上，可能方向错了。

技术的成熟会进入一个爆发期，世界区块链化将呈现出忽如一夜春风来、千树万树梨花开的局面。过程也许漫长，方向不会改变。

未来投资主要特征：

长尾化　分散化　娱乐化　终身学习

传统的资本市场的投资主要通过私募股权投资、发起人投资，一个最重要的特征就是投资是少数人的游戏，绝大多数的普通大众是没有机会参与的。特别是上市公司，拟发起设立都是数以百万计，甚至上亿的投资，除非是一些最早的公司创始人不需要巨额投资。传统的投资特别要冲刺资本市场的项目都是大投资，体现出来的一个很重要的特征就是机构投资。作为大众少额的投资在资本市场的参与只能作为基金的出资人，还要被基金经理再拿走 20% 的管理分红，每年不管盈亏要收取 1% 或 2% 的管理费，这是传统的投资市场的主要特征。

长尾理论主要指互联网出现以后传统商品的营销策略。一般读者对什么是长尾理论不理解，只是听说过。简单地讲，长尾理论就是以往营销主要对象是大客户，而互联网条件下营销面向海量的小微客户。

无论银行、保险、证券，以往营销都是集中针对大客户，大量的中小微的客户都是被忽略的。可是小微客户从数量上讲是绝对的大。比如说你这个产品有 10 个大客户，实际上你的需求的用户可能上万个，甚至上十万个百万个。但是在过去信息成本很高的年代，你只能搞集中客户的这种营销管理模式，这是一个很重要的时代特征。可是互联网把这一切都改变了。

长尾的理论一个简单的例子也是经典的例子就是图书市场。如果你出版了一本很特别的中医方面的教材，书在传统的模式下只能放在新华书店，但是不可能在全国的新华书店都投放。如果只投放在北京和上海几家新华书店，那么有需求的读者不知道什么地方有这本书，出版者也不知道什么样的人会需求这本书。所以说无论怎么做，这本书可能一本都卖不出去。

互联网出现了虚拟和现实的对应关系以后，长尾理论就可以大行其道。比如把这本中医的书放到京东商城、当当网上，需要这本书的人一搜就出现了。所以长尾理论从根本上讲，就是让供和需之间实现零信息成本的对接，以往要买这本书，你不可能为了买一本几十块钱的书跑遍全中国书店。

长尾理论主要指反映传统市场营销管理模式变化，并没有波及投资市场。互联网普及和区块链技术使投资市场变为了一个长尾市场。

在互联网高度发达的今天，长尾理论同样适用于投资市场。过去的投资都是大机构、大资金的华尔街游戏，互联网的发展使需要投资的人和想投资的人对接上同样可以像商品营销模式一样，供需之间直接见面，去中介化。

以前需求方市场营销有形商品，投资市场讲的是资金需求方和资金供给方。今天的 P2P 各种各样的网络小贷高度的发达，其实也是长尾理论在资金市场上通过互联网具体体现。

过去的资本市场为什么是一个大资金市场？还是一个信息成本高的问题。华尔街模式有它历史上的合理性。比如说你要发行股票，那你只能通过摩根和高盛的投行来发行，这些投行机构本身是有物理半径的，就那么多投行人员，路演只能那么多人参加，就算全球坐着飞机到处路演，能接触到的人都是有限的，所以客户的积累必然是一个大客户的积累为主线，资金门槛自然就高了。

互联网使所有的经济行为可以长尾化。你有 10 块钱可以买一箱水果。未来 10 块钱你可以投资果园，100 块钱你也可投家门口的一个小吃店。

现在看主要的障碍不是市场本身，主要是制度障碍。资本市场还停留在过去的华尔街模式上，整个的工商登记股票交易结算系统不提供小微化结算服务。

互联网区块链化可以实现长尾化的投资对接。项目需要资金，可以在网络上发布出来，成本很低。寻求项目的投资者获取项目信息成本也很低。

资金供需双方交易成本很低，首先在资金市场 P2P 小额网贷发展起来了。信贷和资本市场有一个本质上不同的地方就是资金的流动通过银行系统就可以实现结算，而资本市场投资转变成股权股权关系需要一个证券登记结算公司的清算，股票转让仍存在一个确权的过程。在目前的技术条件下，互联网已经可以让投资的供需实现长尾机制，但是目前的制度还无法实现。

未来投资能够实现无限细分的长尾化，需求方和资金提供方小微化。具体行为表现就是分散化。你原来有 100 万块钱，可能只能投一家上市公司的发起股份，股市有门槛，你能买的股票很少。你现在有 100 万块钱，你可以参与 100 个项目，甚至 1 万个项目。从资金的配比比例上，实现了高度的分散化。

从物理空间的角度以往的投资只能基于本国，即使不是本国也是基于国际市场金融体系的既有格局展开投资。互联网已经在技术上使投资没有地域限制。你在美国可以投南非项目，你在南非也可以投北美的项目，资金的规模和地域上都打破了这种限制。

高度分散化，根本原因是由于技术的发展使这种分散化成为可能了。以往获得一个项目的信息，只能通过招股说明书或者华尔街投行的推广渠道来获取，社会成本非常高。现在随着信息的成本越来越低，在遥远的美洲，哪怕有一个养鸡场，你不一定到现场去，看过视频，通过直播，通过各种交互式的信息网络，都可以了解得比较详细。

投资的分散化是长尾化的具体体现。比如你看好果园行业，你可以对全世界各种各样的果园展开分散化投资。比特币、以太坊等虚拟资产没有国界，投入更没门槛，不需要传统的中央登记结算系统提供结算服务。分散化的投资交易都是通过代币机制实现，即通过无中心化的网络协作记账确权。

长尾化和操作进程上分散化背后的社会学逻辑是传统金融行为向草根化进行转移，使草根阶层直接投资成为可能。更深远的变化是，不仅可以用 100 元钱对你所关注的项目进行投资，而且还可以提供有价值的信息。把全社会的这种信息流的价值，通过很细小的投资给激发起来了。

一家小餐厅、一个出租车，都可以通过智能合约区块链技术来发布自己的代币。未来投资的长尾化和分散化会导致投资在结果上带有很强的娱乐化色彩。

说到娱乐化，需要回顾一下传统的资本市场的存在业态。中国改革开放以来证券市场规模得到了急剧的发展和壮大，股民的数量突破亿级。但是从投资收益的角度讲，真正能够从股市获利的股民是少数，甚至是极少数。绝大多数股民是处于亏损状态。而为什么大多数人亏钱了，仍乐此不疲，继续在股市折腾。

谈到娱乐化有两个概念需要温习一下。一个是赌博，一个是彩票。赌博在中国当然是非法的。但是赌博行为从社会学的角度看，很难得到根本的禁止。如果给赌博和彩票制定一个产业目录，应该归入哪一类？赌博和彩票属于文化娱乐业。赌博和彩票你赢了，会很开心、很快乐，当然是娱乐。你输了很懊恼、很沮丧，甚至死去活来，这也是反向娱乐。就像钓鱼，在岸边坐一天，风餐露宿，一条也没钓到，仍然无怨无悔。看电影看得痛哭流涕，反而认为是个好电影。赌徒输了同样很享受悲壮的心情，家人不骂、朋友不恨会有一种莫名的失落感。

今天有点疯狂的资金盘，从本质上讲是个赌博游戏。每个参与的人都在赌自己不是最后一个离场的，都在赌庄家消失之前自己会离开。因为参与的绝大多数人应该非常清醒地认识到资金盘游戏最终要崩盘的。而为什么明明知道要崩盘，很多人还踊跃参与，甚至赌上整个身家性命。资金盘的操纵者正是利用了人们普遍存在的贪婪和侥幸心理。参与的人事实上在体验这种赌博感，甚至是这种刺激感。资金盘的操纵者正好在消费参与者的这种感觉。

绝大多数在股市亏钱的人或多或少都有赌徒的心态。能够清醒地认识到整个金融市场的走势和每一家上市公司具体的内在价值的人是极少数。除了信息不畅使人们获得信息了解内幕信息的机会成本较高以外，一个很重要的原因是很多参与者压根就没有把心事放在价值研究上，人云亦云、听风就是雨盲目参与者居多数。

娱乐性导致庞大的资金盘崩盘不断，真正上访和进入法律维权阶段的人却是少数。因为参与的人很清楚他们在做什么。而资金盘的操纵者，正是深谙其中的玄机。每个人 100 元、200 元、3000 元、5000 元，有人把你的钱卷走了，大多数受害者拍拍屁股就走了。自认倒霉，以为这次彩票没中。

如果 10 年前花 200 元钱去买比特币，可以买 1 万个，而今天 1 万个比特币的价值上亿美金。大多数人回想起来这段历史，和买彩票的心理，区别不大。

我们仔细观察，经常发现很多人去买彩票，两块钱中的可能性很小，但为什么还去买？因为有一个期待。赌博和彩票从投资的角度讲是最不靠谱的。因为从概率上讲，根本就不可能赢。

10 年前去买比特币，有可能赢。未来投资高度分散化，就具有很强彩票色彩，但和彩票又有本质的不同。也许你投了一个项目 200 元，10 年以后他同样会给你带来 2 亿美元的回报。

未来投资的时间价值将是最关键的因数，所有的投资行为在赌未来的发展方向，用时间来衡量它的价值，通过时间来实现它的价值。如果 200 元钱给你带来了 1 亿美金的回报，是不是就像买彩票一样具有很强的娱乐色彩？而且你一下投出去 2 万元，每一个项目 200 元，可能 99 个都失败了，你会因为一个项目失去 200 元钱，哭爹喊娘死去活来吗？一笑了之，这就是娱乐。

谈到未来投资的娱乐化，大家可能会想到今天的抖音和快手等。你去打赏你喜欢的网红，赌谁会更红，也是投资。你把红包打给网红，你的心理得到了释放。互联网的高度发达，制造业在未来成本都非常低廉，利润更薄。人类体现出来的最主要的行为需求是娱乐。像抖音和快手这样的互联网平台，把数以十亿计的网民集合起来，向传统的歌星明星模式的娱乐结构展开了冲击。

给网红的打赏，你得到的可能仅仅是一个哥真爽快的赞赏和存在感。未来的投资，从项目的角度讲多如牛毛，项目可以小到一个餐馆，一个果园的甚至一棵果树，全世界的人都可以参与。大家之间既有分享又有互动，如果给你带来了几百万倍的回报，那比彩票一定还刺激。如果失败了项目消失了，带来的痛苦不会比彩票没中奖过分。

目前金融体系无法实现投资供需双方的长尾化，一个主要的原因是传统体制的惯性。华尔街模式两百年来已经固定下来了，就是一个高度中心化和精英化的模式。还有一个原因，仍然是信息成本的问题，就是没有办法设想在现有的华尔街模式下，比如说你投了一个公司的股份 100 元钱，再去做股份的托管、转让、确权，如此细分的情况在中心化的结算体系下成本仍然非常高。

在传统的华尔街模式下，如果一个人发行1万的股份，让摩根和高盛来承销，再到纽交所交易，简直是不可想象的。因为中心化的成本本身很高，不可能提供这么细小的长尾化的服务。而传统的华尔街模式下，一个股票至少得几亿美金，几百亿甚至几千亿美金的市值，才值得华尔街为你提供服务。

区块链技术的出现和普及使投资市场的长尾化成为可能并变为现实。比如一个小餐厅，发行自己的10万股份，可以用区块链技术把股份代币化。甚至一个人买100个代币都可以，因为区块链技术的特点，就在于可以把它高度地细分。而且在传统的模式下，投资股票到股票交易所交易，还要有单独的清算系统。而区块链上面所跑的代币是交易及清算，你直接把代币打到对方的地址上，既是一种交易行为也是一种清算行为。

整个区块链的金融属性是去中心化的，所有的东西都跑在区块链上，不需要一个像华尔街模式的第三方的托管平台托管这些代币。哪怕你有一个小果园可能估值才50万，你也可以发行一个对等的代币，也可以把它理解成相当于股份，你愿意出让 20 万，分发给周围熟悉的人或者村民。

区块链技术还有一个很重要的特点彻底打破了地域的限制。可能投这个果园的人不是村民，是在万里之外的南美洲大洋洲，通过互联网虚拟空间了解和喜欢该果园的人。区块链技术普及的魅力在于真正地实现了长尾理论，由互联网的营销模式转变为金融属性，变成了资本市场的一种可实现模式。

如果你持有这个果园代币，你不想持有了。你可以不经过任何第三方的许可转让给他人，因为这种转让都是地址对地址的点对点。尽管目前有大量的区块链上的虚拟资产在中心化的交易所交易，但未来的发展趋势是去中心化的交易所，你是不受任何第三方控制的。区块链技术将使投资市场彻底实现长尾化，从根本上打破了过去的华尔街模式。细小化、小微化的金融行为从本质上讲是普惠行为。大家想想，一个很小的果园子，可以接受来自全世界各地金额很小的投资，这种变化是革命性的。

区块链技术近几年的发展已经初具雏形。比特币的技术理念直接对标了传统的中央银行金融体系，以太坊等智能合约发展方向直接对标华尔街的传统证券体系，IPFS 等分布式的信息储存方向会在未来颠覆现有的互联网巨头。放眼望去，过去的 20 年，传统的互联网公司目前市值千亿万亿美金如日中天，也许是夕阳无限好，只是近黄昏。

过去的社会是江山代有才人出、各领风骚数百年。而今天，对区块链市场有一个形容，“币圈一天人间一年”，足以道明这个时代的特征。能领风骚几个月就可称牛了，红火几年你就是大牛。

对新生事物不间断的学习是未来投资的制胜法宝。机会是留给长期有准备的人的，绝不是一句空话。传统互联网向区块链价值互联网转移运动不是今天才开始的。20 多年前就有人探讨电子货币的问题，直到 2009 年中本聪挖出比特币第一个区块，2010 年比特币来到中国。2013 年后相关书籍和文章已经很多，对新事物的强烈学习欲望本身就是财富的源泉。

台上三分钟，台下十年功。对新事物的好奇和学习研究很可能是天分的一部分。这种学习过程不仅仅是看书，行动也是学习的表现。比如当年中关村创业大街的车库咖啡聚集了各路神仙，期待着能孵化出像惠普、微软、亚马逊等这样的巨无霸。

当时李笑来给车库咖啡创始人苏菂讲，车库未来也许最大果实是围绕比特币创业走出一批成功创业者。真是有心栽花花不开、无心插柳柳成荫，今天在中国甚至世界区块链市场呼风唤雨的人物，当年大部分都在车库留下了足迹。

当年车库咖啡除了怀有梦想的创业者，还有相当一部分人是来接触新生事物的学习者和投资者。

随着信息传播成本越来越低，未来个人行为价值化和物物交换协作成为新的生产方式，没有信息成本意味着没有中间商赚差价。每个人都可以发布项目，每个人都可以参与项目。就好像一个自由市场，自由市场是不会有巨额暴利的。

未来的投资正因为可以无数人自由进出，成功的概率不是越来越高而是越来越低。超前的方向性选择成为第一要素，而不是资金规模本身。俗话讲男怕选错行、女怕嫁错郎也是这个道理。

投资方向的选择本身已非常困难，选对项目和人更是难上加难。只要你选对潮头，航行的小船不用拼命划桨，靠浪就行。方向错了，跑得越快失败得越早。找到从 0 到 1 的项目而不是从 1 到 N 的项目，在考验每个人的智慧和勤劳。健康地活着、努力学习相关知识是成本最低的选择。奢望在错误方向上找到从 0 到 1 的项目，比猪生老虎还难。靠运气赚钱，凭努力赔光。这句话实在值得体味。

未来纯粹的投资行为将变得更加艰难。就业、创业、投资的边界将逐步变得模糊。区块链世界使个人行为价值化变得更加直接，利益相关方协作互补、相互满足将成为一种基本的组织形式。市场博弈的逻辑是，我给你机会是因为你可以补充我的不足，仅仅出资是最被动的选择。因为人才和技术成为最宝贵的资源，资金有无数的游资飞来飞去。

投资长尾化预示着未来投资机构为主的市场格局结束。投资机构钱再多也没有无数的韭菜力量大。区块链技术的普及把资金瓶颈完全打破了。以前多数情况能记住的是高盛、摩根等巨无霸机构，今天能记住的是个人名字。

啰嗦这么多，大部人想听到是怎么马上赚到钱。过去参加过多次区块链行业大会。带有资金盘背景的会气氛最热烈，参会者普遍比较亢奋。真正靠在区块链市场投资赚钱的是极少数，大部分人是亏钱。即使有赚钱者也是别的套路。区块链市场和传统股市的赚钱效应很相似，绝大部分人都是亏钱的。

一次开会后，一个参会者急匆匆找到我说，老师我终于搞明白以前为啥亏那么惨了。以前老当作股票炒作，追涨杀跌。没有意识到这是一场资产转移运动，应该拿着比特币不撒手。

比特币诞生以来，其底部价格一直在抬高，如果做空，赔钱是个大概率事件。比特币的涨跌有市场周期，一般人很难把控住周期性机会。留给大多数人的机会其实是趋势的选择，也就是信仰。能把握周期性机会，高抛低吸是高手，每次都能把握住周期性机会是王者。否则，一次操作失误可能前功尽弃。把自己定位成一个普通信仰者是最安全的投资策略。

区块链市场技术门槛越来越低，各种项目应接不暇，指望整体暴涨致富可能是一厢情愿。请大家保持清醒，挣钱的永远是少数。在别人恐惧时贪婪，在别人贪婪时恐惧，实践过程中准确把控太难了。大部分情况是，别人恐惧时自己更恐惧，别人贪婪时自己更贪婪。

在本章结尾时有个事例不得不分享一下，虽不是什么正能量，但绝对称得上是区块链早期市场的一个缩影。

几年前有个冥想币项目，参与人群传销居多数。核心内容是，你想发财致富吗？只要你带上一个智能挖矿的设备，打坐做到心灵清净无任何杂念，财富之门就会向你打开，获得代币奖励。加入的代价大概是200美元的比特币。参与的人蜂拥而至，打个盹就可以挣到代币奖励的市值远大于投入。该项目一度引起比特币价格上涨。

该项目典型地具备长尾化、分散化、娱乐化的特征。无数想不劳而获发财致富的韭菜群体，投入200美元的比特币就可以打坐挖矿发财，坐在瑜伽馆里，人生是多么美妙，享受着生活就把钱挣到手了。

做这个项目的人必须具备三个条件。首先对区块链技术、智能穿戴设备的简单应用有足够的了解。其次，对庞大的资金盘群体的贪婪文化状态有深刻理解。最后，项目设计有很强的娱乐性，目的是赚取万计的比特币。该项目后来销声匿迹了。能搞出这种项目的应该是 90 后甚至 00 后。

区块链技术的发展使芸芸大众有机会参与投资，但是上当受骗的概率也大为增加。打铁还得自身硬。未来不参与没有机会和存在感，参与又可能被收割。学习学习再学习是唯一出路，才有可能最大限度地避免煮豆燃豆萁、韭菜风中泣的结局。

未来公司制消亡
和国家财政收入体系重构

人类近现代工业化进程组织构架的最大发明创造是公司制的诞生。公司制是近现代工业化最为基础的制度保障。

公司制的诞生使社会结构发生了根本性的变化。公司法人结构使所有权和经营权发生了分离，生产和消费发生了分离，社会的行业分工更加专业化和中心化。银行、保险、证券、信托包括中央银行在内的体系，都是以公司制为基础的经济体系分工的产物。

公司制的出现使近现代国家的收入体系发生了根本转变，由农业时代的财产和人丁课税转变为以公司所得和商品流转增值税营业税等税种为主的近现代税收体系，主要税种为所得税、增值税、营业税。现代会计体系逐步健全，公司的经济含义在记账上表现为公司资产等于所有者权益加负债。从根本上讲，公司的经营目标只有一个——利润。从会计学上简单讲，利润就是收入减去成本后的所得。

工业化（组织结构的公司化）、城市化是全球近现代化的两驾马车。

没有大工业大公司的诞生，不可能催生大城市。没有城市化无法产生聚集效应降低公司的生产经营成本。集中在一起的聚集效应，核心作用是降低协作成本。在没有互联网的时代，不集中到一起现代大生产的组织运营是无法想象的。

而互联网的高度发达和区块链技术的结合正在摧毁传统公司制的存在基础。如果信息的获取成本非常低甚至接近为零，人和人之间就可以直接展开协作交易，这样公司还有存在的价值吗？这是比较烧脑的一个话题。原始社会的物物交换没有公司的存在。区块链、物联网、人工智能正在沿着物物交换的逻辑进化。

目前事实上在家办公、拿着手机边爬山边处理工作已经是一种比较普遍的现象。在互联网虚拟空间成千上万人的群体聚集在一起，而事实上这些人分布在世界的各个角落，人实际在哪里已经不重要了。普遍存在的公司制才是人类最大的第三方中心化组织，在这个意义上，也可以把政府理解为一个公司。

未来区块链技术在应用层面会非常简单和便于大众应用。已经存在的比特币、以太坊网络根本找不到任何公司的痕迹，完全是由社区化的个人协作矿工来记账，挖矿既没有公司也没有国籍，加入和退出都是自由的。这个世界上最宝贵的就是自由。

公司制产生了股票，有了股票诞生了证券交易所，从而使中央银行为核心的近现代金融体系进一步完善。如果说一个国家中央银行掌握着当今金融体系的总开关，那么国家的财政税收体系才真正掌握着电流量。

有个手捏菠萝大赛的故事。大力士以为自己可以得冠军，结果来了一个又瘦又小的老头上台把菠萝榨得一干二净。众人不解，主持人问您怎么有如此功力？老头回答，我是联邦财政部的税务专员。

数字货币市场经常受到主要国家央行有关政策的影

响而产生剧烈波动，其实财政部表态那才是真的摊上大事儿了。

政治学的原理告诉我们，国家主权的核心权力有三项：税收权、军队、国家法定货币的发行权。税收权是核心、是目的。能收税比啥都好使，军队和货币发行权都是手段。

5G 来了，未来还会有 6G、7G。3D 打印在未来也将普及，人工智能和物联网正向我们走来。人类社会由传统互联网过渡到区块链的价值互联网已不是梦想，而是正一步一步变为现实。所有这些科技成果积累到一个临界点，那就是公司制的消亡，不要公司第三方赚差价。茅台酒上链，直接把酒对应的茅台币买走，投资者并不关心茅台公司的利润，而消费者关心的是茅台酒本身是否好喝。作为公司制的茅台股份将会名存实亡。

人类的生产消费金融行为正在重新融合成一体。信息流、价值流、物流在未来是一体的。

传统公司制体现的商品流转和利润的概念在未来没有了。你教我英语、我教你汉语不发生现代会计意义上的现金流无从收税。人们囤茅台币在电子钱包里，茅台股票就消失了。你住我纽约的房子、我住你东京的房子，我们之间就对冲了。

你所需要的商品在就近的 3D 打印店里打印出来。特别是人工智能和物联网时代机器人之间的交易根本就不会只发生在一个国家范围内，而且交易的结算工具是代币（token）。未来所有要发生的这一切，目前各国财政税收体系是无法应对的。

2017 年全球出现的 ICO 热潮，泥沙俱下，鱼龙混杂，泡沫破灭后哀鸿遍野。但历史地看，ICO 是人类第一次在全球范围内直接协作的尝试。大家对区块链的逻辑认知上有个误区，就是把区块链仅仅当作技术看待，认为可以搞区块链技术，但是不可以发币。但是区块链天然的属性就是有链就会有币。只搞区块链却不可以搞币，逻辑上是无法成立的。好比你只能谈恋爱，不可以怀孕一样难。相信疯狂过后，有价值的项目和创新项目仍将砥砺前行。

未来财富之路要分享的不是科幻小说的场景，是小荷才露尖尖角的新生事物。相信未来进展会超越我们的预期。

现有的科技发展和认知还无法预言国家制度的消亡，那么未来国家的财政收入从哪里取得？传统税收模式的公司制基础面临消融，而且收税中间成本非常高，维持国家机器运转本身就是个天文数字开支，消耗巨大的社会财富。

政治哲学表明国家权力的诞生有天然的掠夺性和扩张性。税收的起源是从抢劫开始的，如果抢光了来年没有人生产，确定一个能够接受的比例，既不影响来年生产又可以稳定的获得收益，这个固定的抢劫率就是税率的前世今生。

国家暴力机器能够触及的地方就是税务的边界，也是国家统治上的边界。工业化时代以国家的边界存在为地理坐标的国际贸易已被今天互联网区块链化后的价值互联网打破，并逐步取代具体的商品贸易。价值传输直接打破了国家边界范围，在未来会发生根本的变化。国家财政收入到底如何取得将是一个世纪挑战，而且会影响到未来国家的实际有效边界。

传统的税收体系是基于两种核算方法征收税收。就是GDP即国内生产总值，对发生在本国的商品和劳务等展开收税，或GNP国民生产总值，即本国公民在境外有收入所得也要向本国政府申报纳税。

无论未来价值形态如何变化，人类的基本行为不会发生变化，需要消费和交易即价值交换。

人类近现代工业化以来所有的生产消费行为从根本上讲都是对自然环境的消费行为，也可以理解为对原始自然环境的破坏行为和过程。霍金认为人类100年后离开地球并不是哗众取宠、语不惊人死不休之言。

人类的物质生产能力还无法创造时间和空间。楼盖得越来越高，但是天空没了。纸用得越来越多，森林没了。过度消费的汽车工业品使小区的绿地没了。如果人类要回到工业化以前的碧水蓝天、山清水秀几乎是不可能的，现有的环保投入要增加多少倍？而且环保本身也产生了环境污染问题。比如电动汽车没有在城市的尾气排放，但是电池的处理过程同样会有严重的土壤和环境污染，只是污染转移而已。

人类务实的选择不是回到刀耕火种、茹毛饮血的蒙昧过去。而是如何利用人类取得的科技成果重新构造新的生产关系，最大限度地减少工业品的生产和使用，从而改善现有的地球环境。

当人类的生产经营活动可以跟踪全部记录在虚拟数字世界时，人类的经济活动宏观上就转变为人类与地球环境的交换关系。科技的发展使交换关系可计量化。原来的税收体系只是就生产经营活动本身的流程征收税收。如果转换维度变为对环境的消耗而征收财政收入，人类整个的现代税收体系将发生由税收向收费的根本转变。

税收有三个特征：无偿性、强制性、固定性。收费的本质是有偿，那就是消费行为对环境的补偿。

工业化时代人类沉醉于巨大的物质财富的生产和消费的热潮，即使有识之士提出了环境污染和破坏的问题，也很难成为主流共识。而且达成共识本身就是一件十分困难的事情。

个人理性是多生产多消费，而集体理性很难和个人理性统一起来。21 世纪人类已进入后工业化时代，由于物质财富和制造能力的如此强大，信息成本又如此之低，共享而提高物质财富的使用效率，从而最大限度地减少环境消耗将是人类神圣的使命。提高物质财富的使用效率，改善自然环境，穷人将是最大的受益者。比如国内人口集中的居住小区，停车难已经成为社会问题。停车位拍卖收入如用于弥补物业费的开支，对没有车的居民实际是一种补偿。

既然在目前的历史条件、社会条件以及科技条件下，我们无法设想国家的消亡，那么财政收入的模式仍将是中心化的征收模式，消费行为的发生和占有资源的收费将是未来财政收入的重要来源。

房地产业近 20 年来一直是中国热门的支柱产业，房产税的讨论一直不断。但顺利开征和成功的可行性比较困难。首先，房产税是农业时代的一个主流税种。比如明代的北京城整个城市建成几百年不变，房产的计价和税收征收相对容易。而现在的城市房产的计价依据非常困难，房价波动又大。如果就房产本身征税，钢筋水泥不值多少钱。而且一个容积率奇高的 30 层大楼 500 平方米的房产价格和颐和园里一个 500 平方米的院子价格差距可能是百倍的差距。确定税基非常困难，而且征收成本无法估量。

事实上中国目前的财政收入，有相当的比例是土地拍卖收入，土地拍卖收入本质上是对土地使用年限的一种收费，而不是税。

中国的雾霾和城市交通拥堵纠缠在一起城市空气污染问题，现在已经是中国严重的社会问题。它不仅降低了出行效率，还严重地影响了生活质量。收取交通拥堵和尾气排放费是从制度上解决问题的根本出路。

交通拥堵和排放收费最大的困难不是技术问题，民粹主义情绪是最大的阻力。查遍百科全书很难给民粹主义一个具体的定义。民粹主义在经济上的具体表现，就是对自己有利的就是对的，对自己不利的就是错的。

比如有人提出北京首都机场高速路应当取消收费，理由是投资已经收回了。道路其实也是商品，收回投资了就不该再收费吗？北京饭店也收回投资了是不是应该白吃白住呢？车船购置税和车船使用税都是针对交通工具拥有本身征收的税种，而不是针对使用行为本身。结构设计不合理，变相在鼓励车辆过度消费公共资源。好比对电冰箱在购买时征收海鲜税，一旦拥有，吃海鲜免费，社会效果可想而知。问题的实质是应该最大限度把收费变为公共财政收入，而不是某公司的利润。如果应当免费开车上路，买不起车的人是不是应免费送车，是送奔驰还是夏利？

民粹主义情绪是一个世界难题。产权经济学告诉我们，凡是产权能分割的都是能交易的，凡是能交易的都是能分割的。过去路权不能普遍交易收费一个根本原因是使用时确权成本太高。未来无人驾驶汽车跑在路上不仅缴费，而且可以智能化的打赏让别人让路。贫穷限制了我们对未来的想象力。

在现有的技术设备成本非常低的时代，每辆车上国四国五的排放标准已经不重要。如果拥堵严重，收费就高，每辆车的排放尾气是可以实现实时监控的，而且不需要像传统的高速公路收费站那样停车收费。类似消费行为的收费在中国将是一笔庞大的公共财政收入。收费会极大提高地面交通工具的使用效率，还相应地补偿不开车的人群。

商品的生产在微观环节区块链化以后直接价值交换，

政府如果在排放环节取得收入，收费是容易确权的。尾气和废物排放的计量低成本的征收已经成为了可能，不再像工业化时代那样依据商品的流转和公司利润所得课税了。基于商品的流转和公司利润的课税，在未来，公司没有收入和利润在报表上都无法体现。

信息成本降低，区块链化的价值互联网到来，中国将是最大的受益国，历史成效将十分显著。共享单车解决了出行最后一公里的问题，共享汽车直接提高了交通工具的使用效率，扩展了城市半径。同样，当人们普遍接受共享房屋的时候，会更进一步释放城市的潜力。

中国人口众多，资源被条块分割，如果能够自由地交易协作，潜力将得到极大的释放，中国经济的真实含量和竞争力超越美国不是梦想。

如果说区块链是高科技，不如说区块链是在技术推动下的一场自主的分散化社会资源的协作运动。

没有移动互联网的时代，出租车的垄断多年无法打破。尽管黑车存在，但只能在车站码头等人流集中的地方趴活，很容易被运管打掉。今天共享汽车分散在社会的每个角落，中心化的出租车垄断体系事实上已经终结了。

这场运动对社会生活的深远影响才刚刚开始。相信 10 年后回头看，人们将会感叹技术和市场的力量是多么的伟大，过去仰仗信息垄断和管制垄断的行业将面临终结。

随着信息成本的降低和区块链技术的结合、未来智能合约的成熟，虚拟世界将面临现实化趋势。

现阶段，游戏行业已经在模拟虚拟国家，当虚拟世界的价值高于现实世界的临界点到来，虚拟世界的国家就会成为一种时尚潮流。你可能有两个国籍，在现实世界，你可能是个老板，而在虚拟国度你变为一个被城管追到胡同里的小商贩。在现实世界你是个草根，在虚拟世界你是个后宫三千佳丽的国王。虚拟世界的现实化演绎只能把舞台交给 00 后甚至 10 后。有一点可以设想，就是人的上链将是虚拟世界和现实世界融合的真正开始。

区块链价值即互联网世界的最大价值是共识价值。人类过去的历史由于信息传播成本很高，委托代理关系是社会普遍存在的运行规则。皇帝代表天下的臣民，公司的职业经理人代表股东行使经营权。互联网世界每个人可以直接表达自己的诉求。没有互联网的时代，直接达成共识的成本太高，没有可行性。未来财政支出和收入可以通过设计共识机制来完成。该话题前瞻性太强，我本人只是看到了问题，具体未来还无法想象。

未来社会共识的发展，小区物业费的困境问题可能会对此有所启发。物业费有一项是电梯费，在收缴物业费时经常会发生矛盾，一楼或二楼的业主说不坐电梯，要求不交电梯费或少交。住在顶层的住户也不可能多交电梯费。技术的发展使计量成本足够低，就可以按楼层收取电梯费，甚至不同的重量和楼层会有不同的取费标准。互联网、人工智能、物联网的融合方向未来会把这种设想变为现实。

如果把一个小区比作一个超小型的国家，物业公司就是小区的政府。物业费相当于小区的公共财政收入。未来国家的公共财政收入取得是不是可以有所参照，社会治理结构到底如何进化，问题虽然不是迫在眉睫，人类已经到了将要面对的时刻。收费取代收税是变革的方向。

脸书发行数字天秤币（Libra）的影响和结局

中本聪发布比特币白皮书并打包成功第一个区块意味着区块链世界的第一个应用正式诞生了。几年以后，一个叫维塔利克的少年，带领他的团队推出了以太坊，区块链市场进入了如火如荼的模式。但是这个市场的发展有一个很重要的特征，就是早期的技术极客和一些市场上某种程度的先知先觉者以及投机分子都混杂其间。在中国，传销加入进来的人非常多，今天普遍演变成资金盘模式。

区块链市场刚开始时，由于大家相信区块链的技术的魅力，一些技术人才抱着梦想在搞项目开发，而有一些人看到了背后的市场价值在炒币。这个市场在几年前分为两拨人，一部分人是所谓的链圈，以专家自居，还有一部分人就是以炒币为主的草根，叫币圈。市场演绎的过程，所有的技术都是跟着市场走的，最后被市场给引导了，最终还是链圈也在发币。

在中国市场出现更加激烈甚至离奇的一幕，就是有一些搞传销的资金盘群体直接转到了区块链市场来，利用区块链技术原理简单，大搞传销性的交易，被称为盘圈。所以在中国就出现了三个圈子：链圈、币圈、盘圈。但是无论怎么搞，市场自身有很强的演绎逻辑，以华尔街为代表的主流社会并没有广泛地参与进来。整个区块链市场在过去几年还是一个小众市场，尽管比特币曾经涨到过近 2 万美金一枚。

本人在 2018 年的元旦在《金色财经》上写过一篇文章，谈 2018 年将是区块链市场的元年，全社会将普遍认识到区块链技术带来的市场价值。近一年多以来，华尔街的巨头们不断涉足这个行业，不断利用区块链技术原理建立了自己公司内部的私链或联盟链。

但是，区块链市场近期发生的对传统市场造成心理冲击的大事，是最近几个月炒得沸沸扬扬的脸书发行稳定数字货币。脸书是一个 5000 亿美金市值的互联网巨头。在

2019 年 6 月 18 日本书的写作过程当中，脸书终于发布要发行货币天秤币（Libra）的白皮书，此举引起市场高度关注。而当时有媒体采访我说，脸书的这一动作，从市场的角度看，对比特币长期的上涨就是抱薪救火。

首先，脸书此举是传统的华尔街力量的第一只报春鸟，说明华尔街对整个区块链技术和市场未来的认可。脸书不甘落后，勇当传统互联网巨头的领头羊，此举对传统的社会精英和传统的资本市场警示作用可谓是当头棒喝，甚至使有的人如梦初醒。

其实天秤币能不能发行出来、发行能不能成功不重要，最重要的是告诉全社会特别是以华尔街为主流的精英社会，区块链市场是一场真实的社会运动。脸书有 27 亿用户，因为互联网没有国界，脸书在如此庞大的一个虚拟用户群体里建立一个跨国界的数字货币结算体系，稳定币系统锚钉一些主流国家的法币，未来对全球金融体系的冲击不可小视。

天秤币一旦发行，将是一石激起千层浪，划时代意义功不可没。在一些落后的国家和地区，特别是一些法币价值极其不稳定的国家，广大的民众有可能就使用脸书的稳定币系统。脸书构想传统的大金融机构作为他的一个个节点加入数字货币体系。

从根本上讲，天秤币挑战的是美联储的世界地位和美元世界货币的地位。脸书的天秤币（Libra）体系，完全是跨国界的，尽管它带有很强的中心化色彩和特征。脸书的这一行为等于在为比特币为首的区块链市场的主流货币进行背书。而且如果脸书的天秤币发行成功，意味着全世界将有数以亿计的人持有脸书的天秤币。只要是基于区块链的原理，那就意味着脸书的稳定币系统和比特币之间建立起市场无缝连接的兑换机制。

脸书发行了数字货币，亚马逊、谷歌、苹果、阿里巴巴、腾讯会不会发行自己的数字货币，他们都具备如此强大的实力和可能性，相信他们不会袖手旁观。无论怎么发行，只要它们是基于区块链的原理，最终博弈的结果会让市场所有的关注重心终极指向比特币。区块链世界目前最大的共识仍然是比特币。互联网公司发行自己的数字货币，无形中在为区块链行业背书。这就是为什么脸书的此举会在未来导致比特币的长期上涨。当然，既便没有脸书发布天秤币，比特币在未来仍会存在下去，10 年来的风风雨雨已经证明了它的顽强生命力。

宏观经济上可把这场区块链技术引发的变革定义为资产转移运动，传统的互联网巨头最明智的选择就是主动拥抱未来。

但是从区块链市场逻辑的角度思考，脸书未来发行天秤币（Libra）任重道远。因为区块链这场技术引发的社会变革，从本质上讲是生产关系的调整。区块链技术本身的难度和门槛并不高。

从生产关系上讲，近现代工业化的发展导致了社会分工的高度细化，金融作为一个行业被分离出来。生产、消费、金融等都是分离的，而区块链引发的社会变革在未来的趋势是使之重新融合。

仍然以茅台酒为例。茅台酒上链，你直接持有茅台酒的代币（token）就可以了，而不需要再买茅台的股票，那么证券作为一个独立的金融业态在未来就消失了。所以在未来没有纯粹的金融，金融行为和生产经营行为，从本质上讲，未来是融合在一起的。

从交易的角度看，区块链世界是交易即清算。举一个容易理解的例子，比如在没有互联网的时代，你要学习英语，你只能到新东方去学习，而且费用巨大。而今天在网上，你可以找一个英国人，你教他汉语，他教你英语，你们两个人的这种行为价值化直接对冲掉了，你不需要给他钱，他也不会给你钱。

随着信息的成本越来越低，人工智能和物联网时代的到来，世界的发展趋势是物物交换和物之间直接展开对冲，不会再存在纯粹意义上的金融。今天所想象以传统的互联网和区块链结合，产生一个庞大的第三方支付系统。如果在未来，这个前提不存在。脸书所设想的为全世界提供的公共支付结算体系会不会是在爬一座冰山，等你登顶了，冰已经融化了。

即使在明年脸书推出来天秤币，作为一种过渡现象，挑战的仍然是传统的美联储的地位，而不是未来的以比特币为龙头的区块链世界的这些龙头币的地位。

茅台上链，可以拿茅台币交房租，可以拿茅台币偿还债务等等，本质上讲在虚拟世界它是个物物交易。茅台币你交出去了，对冲了与你相应的其他的服务。

区块链世界直接实现的价值交换功能，随着智能合约的成熟，取代了公司制。公司是人类诞生以来最大的一种中心化的组织形式，有股东还有CEO，有老板有员工。未来是协作，脸书作为一个巨无霸的互联网公司，它如果发行稳定币系统，那么这个庞大的价值系统和它现有的以股权为纽带的公司制构架存在着利益上冲突。区块链的发展方向在未来要消灭公司制的存在。而脸书作为一个庞大的互联网公司，却发行了一个在未来世界通用的虚拟结算工具，这存在着内在矛盾。如何协调利益机制是个考验。

从传统的互联网巨头成长过程来看，这些互联网公司都是在市场竞争中生长出来的。如果脸书因为是一个巨头深入到区块链世界就仍然能够成功的话，那么当年互联网的巨头应该是IBM、微软，而不应该是今天的亚马逊、谷歌、脸书，更不应该是中国的腾讯、阿里巴巴和京东。如果谁大谁就拥有未来的话，那么在中国最有可能成为阿里巴巴的应该是供销合作社。

区块链世界的精髓是智能和协作，而且在区块链市场已经发行了几个像泰达币（USDT）这样的稳定币系统，市场有需求，供应就会创造出来。天秤币（Libra）在未来的竞争当中和他们相比并没有绝对优势。伟大的项目都是长出来的，而不是某一个人简单地异想天开创造出来的。好比地主老财提倡自由恋爱，当然是一个进步，但是在自由恋爱的世界里，地主老财没有优势。

脸书有一个善良的想法值得肯定，就是为落后国家和地区的民众提供稳定的金融工具。但这些落后的国家和地区的民众不能享受现代金融的根本原因不是因为没有金融工具，而主要是另外两个原因，一个是过去移动终端成本太高，二是所在国家的通货膨胀严重，法币的优势地位强大到可以任意剥削和洗劫民众。只要信息低成本地蔓延，泰达币（USDT）等稳定币同样可以担当此任。

有人担心监管，认为美联储的监管和所在国家的央行体系对脸书的监管，会导致脸书发行天秤币（Libra）系统的困难重重。这不是根本原因，根本原因还是市场的选择。虽然未来的世界再诞生一个类似于美联储的庞大的中央银行支付体系到底能持续多久无法预测，但天秤币（Libra）作为中心化金融体系向区块链价值互联网过渡进程中的事件必将载入史册。

监管是区块链市场比较关注的焦点之一。各国现有的监管格局无法真正对市场形成实质性效果。以区块链技术突破为标志的价值互联网天然地打破了国家边界。比特币、以太坊在现有体系下既不是证券也不是货币，哪个都套不上。区块链的价值体系和传统金融的维度不在一个星球上。区块链世界需要监管，但不是现有的监管部门。未来万物即支付还会有央行吗？交易即结算还会有华尔街吗？金融作为一个独立分工的行业未来是消失的趋势。目前市场整体上野蛮生长，未来如何进化需要时间考验。

随着人工智能的普及，机器人之间的协作与交易也将展开，人类进入资源协作时代。不久的将来是万物互联、万物即能交易，传统的交易所将成为记忆。在目前的世界格局中，日本可能会成为第一个放弃日元的发达国家。

150 年前的明治维新使日本短短 30 年时间成为亚洲第

一强国和世界强国之一。非常不幸的是，罪恶的军国主义侵略把亚洲拖入“二战”的深渊，但“二战”后日本迅速成为仅次于美国的经济强国。日本拥有了十分庞大而完备的工业体系和制造能力。

日本最大的短板是什么？是既没有广阔的国内市场，也没有传统工业社会所需要的丰富原料资源。在工业化全球贸易时代日本可以依靠先进的制造能力，采取进口原料、出口工业品而立国。今天这些优势已经丧失殆尽。但日本拥有世界上先进的科技、教育文化体系，其综合发达程度在国际上仍然处于领先地位。

人类从拼比商品生产体量的工业化时代已经过渡到后工业化时代，甚至是后互联网社会，未来的竞争取决于哪个国家的资源利用协同效率高，而不是工业品产量本身。日本没有资源可以消耗。

工业时代把人均拥有汽车量作为发达标志，未来发达的标志是共享人数量。在未来的世界体系里，日本的竞争压力大，其变革的动力也强，而且日元在国际上地位尴尬，无法和美元的地位影响力相比。日本放弃日元的成本也低。

变革总是在脆弱的地方发生，美国放弃美元不敢想，俄罗斯放弃卢布也没可能。日本目前国内的传统金融业互联网化还没中国的支付宝、微信支付普及。比特币为首的区块链技术却像150年前的佩里将军叩门一样送到日本人面前，中本聪是不是日本人已经不重要，日本如果想保留其发达国家的地位别无选择。

区块链、人工智能等其本质都是资源的低成本协作。未来的交易如果是基于区块链技术展开，将极大激发提升经济效率，没有法币的应用场景。比特币等数字资产在日本的普及和展开真实的场景应用，日本庞大的经济体系将浴火重生。未来日本放弃日元将是水到渠成。

如果日本成为第一个主动放弃日元的发达国家，对国际格局将产生深远的影响。日本可能会成为世界上生产协同效率最高的国家之一，做美国小弟弟的格局将会改变。如果把明治维新当作日本近代化的开始，日本还是个很年轻的国家。

从全球区块链市场的热度来看，中国虽然不是比特币等区块链原创技术的发源地，但是中国的市场力量却在世界举足轻重。从市场逻辑的角度讲，未来市场的力量在哪里，区块链的应用和扩展的速度就在哪里。

今天中国的移动互联网虽然不是原创技术的发源国，但是应用的广度和成熟度在世界领先。美国、日本远远赶不上中国的深度和成熟度。

我在该书的写作过程当中去了一趟日本。日本的城乡差距和地域差距非常小，传统的金融和现代工业成果应用非常广泛和成熟。人们仍然大量在使用信用卡和现金，几乎看不到本土化的互联网移动应用，背后的原因可能和日本传统的金融非常发达有关。日本没有催生出移动互联网应用的领头羊，但是在日本主要的商场、超市，看到中国的支付宝和微信支付正在迅速地占领日本的市场。

中国人去日本不需要拿钱包了，而日本人却还在拿大量的现钞和信用卡。中国的移动互联网应用普及速度快可能和过去中国的金融资源分布不均匀有关。我们在银行金融机构看到的是大量的排队现象，移动互联网金融的应用却弥补了这一不足。电子商务激发了中国大量中小企业的活力，网购热闹非凡的场面是中国一大特色。市场因素催生了技术的快速普及应用。

同样，在未来的区块链市场，中国仍然是最重要的推动力量，甚至是市场的中心。因为中国传统的计划经济行业分割、条块分割，而中国事实上却是一个资源同样匮乏的国家。区块链的本质是共享和协作。区块链技术的深度应用，将再一次激发中国的市场红利，使中国的经济总量的使用效率得到极大的提升。相信在区块链未来的市场应用层面和市场的广度层面，中国仍然将领先世界。

10

个人行为价值化
导致社会分化将继续扩大

传统的中心化互联网向未来的区块链技术普及的价值互联网转移的过程，将使人类社会的财富的获取模式发生根本性的变化。

无论是农业社会、工业社会，还是中心化的互联网时代，财富的获取主要是来源于这几个渠道。首先常见的是遗产的继承。你生于豪门，出生的时候就含着金钥匙来到了这个世界上，是天生的富二代。你的父辈是亿万富翁，你来到这个世界上就占有了巨大的社会财富。从你出生、抚养到你受教育背景，包括你未来就业，都会受到你家族的影响。

富豪的子女生下来就不需要奋斗。在工业化时代，可以把这种人称为看不见的阶层。他们衣食无忧，甚至游手好闲，偶尔的做做慈善。甚至都不需要在社会上暴露自己的身份。比如美国历史上的洛克菲勒等豪门家族的后裔，或者今天我们能看到的十亿百亿甚至千亿美金级富豪的子女，他们来到这个世界上就是来消费的。这部分群体虽然属于极少数群体，但是这个群体在传统社会里却不能小而视之。

极个别的富二代在互联网传播极其迅速的今天到处招摇过市、甚至炫富，他们不是这个阶层的主流，这个阶层属于看不见的阶层。比如今天比尔·盖茨、巴菲特、马云这些富豪的子女他们不需要再宣扬他们是富豪的子女，他们默默地存在就好了。

一味追求名牌奢侈品的炫富消费恰恰是心理贫穷的表现。麻木和欲望是炫富群体的最常见表情包。如果你关注和羡慕他们，不知不觉成了被消费对象，无形中你可能在为他们买单。别相信哥，哥只是个传说。

第二种人就是经过个人长期奋斗而获取了巨大的财富。无论是巴菲特、比尔·盖茨、马云、李嘉诚、任正非等富豪，他们都经过了一个长期的个人奋斗积累的过程。

第三种人就是社会精英。毕业于名校，直接一步登入了殿堂。比如你进了中央银行、进了华尔街、进了世界500强，天然地就拥有了获取财富的优势。而且这种获取财富的优势，被社会中心化、精英化给固化下来。

第四种情况就是中心化的结构一旦固定下来，导致的财富分配不均匀。比如说资本市场，一家上市公司，即使是亏损甚至几年亏损，也有巨大的市值，也就是壳的价值。特别是在中国，一个上市公司的壳资源有少则十亿多则几十亿的买卖价值。从经济学的角度讲，如果一个上市公司的壳价值是20亿，按5%的年化收益率来计算，只要占有着上市资源，每年就有潜在的亿级的收益。包括一些银行、证券、保险的金融牌照导致的垄断收益等。

过去的财富有一个共同的特征，就是财富的存在是占有式的。无论是继承，还是个人奋斗获取的，财富一旦是你的就彻底固化下来了。财富分配的马太效应明显。凡有的，还要加倍给他叫他多余。没有的，连他所有的也要夺过来。

人和人的财富差距虽然很大，但是它经过了一个相当的时间的积累。比如说你在小学，同学比你学习好，到初中高中上了大学，就像两个分岔的道路越走越远。20 年以后，你可能还是一个普通的工薪阶层，甚至入不敷出，挣扎在生存线上，而小时的发小，已经身居庙堂之高或者是亿万富豪了。也可以用一个成语差之毫厘、谬以千里来形容。但是不管怎么说，都经过了一个时间的过程，而且这个过程可能还相对比较漫长。

过去所有的财富占有模式有工业化时代的强烈特征，那就是物质财富。当然包括存款或者股票债券金融资产等。但不管怎么说，他们都有对应的物质财富。

当人类社会已经到了移动互联网向区块链价值互联网过渡的时代，意味着过去的工业生产所产生的利润会越来越薄。今天所追求的物质财富在未来成本很低、价值很低。这一切仍然和信息的传播成本倾向于零有关。人类社会正在向全球化的协作过渡。特别是未来区块链世界通证经济的盛行，将使个人价值行为化直接成为可能。作为未来财富的获取模式，将由占有式向收割式转变。

财富由占有式向收割式转变在娱乐圈表现得最为明显。

比如歌星、球星、影星在过去都要依仗所在经纪公司或传播公司甚至大导演、权贵、豪门，而今天这些明星可以直接通过移动互联网实现个人的价值变现，他们的存在本身就是价值。无论冰冰们存在多少税务问题，他们本身就是富豪。

今天中国存在着大量的网红，一夜之间暴红，收割了巨大的财富。这不是他们的错，这是时代财富获取方式发生了根本性变化所导致的。

以往信息的传播成本太高，所有的财富都固化在一个中心化的体制里。今天哪怕你在抖音上一个小视频火了，上千万人同时观看，就产生了巨大流量价值。包括比特币白皮书的发布者中本聪到以太坊创始人维塔利克，他们仅仅是靠自己的大脑，甚至几行代码而获取了巨大的财富。

占有式的工业化时代要靠股权、靠继承来获取财富方式发生了根本性的变化。这种个人行为价值化的方式在日常生活中已经逐步变成现实。比如很多人现在都还在向往的名校名师，如果你是一个天才少年，你可以把小学到初中高中所有的课件用互联网出神入化地呈现出来，全世界的中小学生看你一个人的视频教学就够了。这种巨大的个人行为价值，带来的财富效应是无法估量的。

目前互联网学习还无法完全取代课堂面对面教学，因为学习本身有情感交互的因素。但未来老师在课堂上可能是一面反光镜，你讲得不好，学生感受的是，天啊，老师怎么这么糗，比网上老师差八条街。

事实上在移动互联网的今天，很多人在学习收听一个人的课件，看一个人的书。比如北京大学有一个老师叫薛兆丰，有一本书叫《经济学讲义》。几十万人同时在收听、在阅读，那么也就意味着其他的经济学老师要失业了。以前的经济学教学在课堂上，需要几百甚至几千的经济学教授，那么今天从教学的角度讲，一个人就够了。

过去一个大学教授讲课想获取上亿的财富是不可想象的，而今天移动互联网把这一切变成了现实。但是也带来了一个非常严酷的社会现实，那就是一个人获取巨大财富的同时，会导致其他上千甚至上万的人失业。真是我花开后百花杀，而不是落红不是无情物、化作春泥更护花。

个人行为价值化，意味着一个人自身的价值决定了他对别人的交换价值。因为信息的传播没有成本，可以直接到达。你教别人数学，别人教你英语，这就是价值交换。

精英化和中心化的时代人们除了自身的价值，还有很重要的所谓阶层价值，也就是过去所讲的圈子。大家争先恐后地去进入名校，进入各种各样的精英云集的商学院等等，形成了一个社会关系的裙带网。经常有人炫耀，认识什么样的大人物可以有通天的关系等，这种思维方式和行事方式，显然已经被历史所淘汰了。

这是一个你认识谁不重要，你是谁才最重要的年代。过去经常讲干得好不如嫁得好，但是别忘了，你嫁得好，别人也要娶得好。交换关系一定是对等的。在移动互联网的今天，这种价值交换表现得更加淋漓尽致，甚至赤身露体。

过去由于体制和阶层的阻隔你真的可能怀才不遇，只能愤世嫉俗，怨天尤人。而未来市场的机会是天生我材必有用，千金散尽还复来。

由于技术的发展使过去的社会结构正在发生质变。比如高考在中国到目前为止仍然是一场相对最公平的竞争。在手工操作的年代，暗箱操作的可能性很高而成本很低。

在通过互联网来录取的今天，招生流程已经非常透明化，分数才是最根本的保障。现在的招生系统的公平性要比过去好很多，想搞点猫腻招生腐败非常困难，几乎不可能。在未来需要变革的是这种教育体制本身，分数成为学生的命根子的时代正在退潮。

信息传播成本越来越接近于零的移动互联网时代，使个人的行为价值化实现了双向的放大。你是一个对别人有巨大交换价值的人，你的价值在互联网将瞬间放大而实现收割式的变现。比如说一首大家爱听的歌曲，哪怕是一个抖音的小视频，都是瞬间在网上实现传播的，这本身就是一种价值的流动和收割。

而反向指的是你是一个没有价值的人，或者说你是一个有恶行的人，被过去的包装所掩盖，在今天也是瞬间崩塌的。近几年多少名人因丑闻瞬间身败名裂，离开心爱的舞台，一人独自流泪到天亮。

过去一些贩卖心灵鸡汤的人，把自己作为社会精英的化身，对大家进行洗脑或信仰充值，今天都走下了神坛。这是一个没有导师的时代。迷信会使你成为别人收割的对象，而那些仰仗着塑造别人对自己迷信的思维方式的人也将被历史所淘汰。

价值直接交换的年代获取财富的方式变成了分享，分享的过程也是财富收割的过程，而不是伪装成精英去收割别人。

过去的财富的占有制方式，一方面由于中心化垄断的原因导致贫富差距加大。另一方面也抑制了这种因为个人价值的原因加速财富差距的过程。中心化的财富构架无论你有多大的能力都会受到中心化构架本身的制约，而互联网时代把这一切都颠覆和放大了。所以才会有网红一个晚上就可以收割百万甚至千万的神话。

财富由占有式向收割式的转变，在未来会有一个很大的社会伦理上的挑战。主要表现在，如果一个人有先天的基因优势，而那些基因处于劣势的群体反而会在财富上会处于更加不利的地位。

工业化时代工业品的生产和复制是财富的主要形式，而价值互联网时代表现出来的是信息的占有量和新生内容的创造力。

人工智能的发展使机器人更加大行其道，很多原来依靠体力劳动而生存的人逐步的处于失业状态，变成了一个无用的人。如果说过去是二八定律，在未来可能是一九定律，甚至是 1∶99 的定律。

这一点在娱乐业表现得最为淋漓尽致。一个超级明星的财富的收割使无数的三线四线的明星沦落为了演艺民工。未来各行各业都同样会面临着类似的困境。因为一个有超级交换价值的人，同时可以和全世界的人展开价值交换。而价值卑微的人却处于极度的边缘化，成为一个看客。互联网把个人行为价值化双向放大，在未来会演变成一个非常冷酷的社会现实和伦理冲突。

过去的精英化和中心化的体制固化带来了巨大的体制性的不平等，可互联网的发展直接放大了个人之间的差距。只有少数的网红成了财富的收割者，绝大多数芸芸众生都是过客看客，甚至是无用的人。个人行为价值化导致的未来社会结构的变化，还无法做到非常具体的预测，但愿这个逻辑是杞人忧天。

有的人天生聪明能干多才多艺，而有的人天生愚笨甚至邪恶。当物质财富的制造成本越来越低，接近于零的时代，那么也就意味着我们过去宣扬的财富标准和方式逐步地不需要了。如果还非要讲圈子和阶层，实在看不到未来圈子阶层的依据是什么。也许有一天，只能按每个人的智商的高低来划分圈子和阶层。智商 160 的是一个圈子，在收割智商 80 的一个圈子。

如果爱因斯坦、牛顿、爱迪生等生活在移动互联网时代，他们一定是最富有的群体。因为财富一直向最新的科技创新和认知转移。工业化时代钢铁、汽车公司市值领先，同时也据有巨大的固定资产。今天微软、谷歌、脸书、阿里巴巴、腾讯等企业里，固定资产估计相对他们的市值则少得可怜。

聪明人未必认为自己聪明，但傻子一定认为自己不傻。每个人都是按自己的认知逻辑在做出选择和决策。

一个人先天的健康状况、智商、智力开发程度、后天的学习认知能力所形成的交换价值，才是获取财富的核心竞争力，也形成了个人所有财富的维度。

过去的财富模式造成的贫富差距会有阶层冲突，未来个人先天优势造成的财富差距仍然会有阶层冲突，目前无法准确地描述。比如，生命科技飞速发展虽然整体上提高了人类的寿命，但是基因科技的成果被拥有财富的人优先享用。人的寿命提高到120岁甚至150岁已经成为可能。由于财富的差异导致人的寿命的差距有可能扩大而不是缩小。

当今时代物质财富极大丰富，朱门酒肉臭、路有冻死骨的凄惨场景已经难以看到，天寒白屋贫、风雪夜归人的饥寒交迫更多是文学化的场景。生命科技的发展和贫富差距交织在一起放大了不同人的寿命，未来将是个令人极其不安的伦理问题。

过去可能富裕群体的平均寿命只是比贫困群体高几年。生命科学发展日新月异，可以通过基因技术干预人类的寿命，已经不是过去普通医疗的概念。但是能看见的未来价格高昂，非一般民众能负担得起。富裕群体和一般民众的寿命差距可能不是几年，而是几十年。现有的认知还无法找到一个令人满意的社会学答案。也许未来巨大的寿命差距引发的社会不安要远大于工业化时代的物质财富不均而带来的阶层冲突。

11

一个老韭菜的心路历程

大概在 2011 年的夏天，中国人民大学的同学找我回母校吃饭。在饭桌上刚刚落座，师兄初壮急急忙忙地问我，最近有个比特币你买不买？初壮也是我多年的好朋友，是一位技术和思想极客。刚认识他的人很难想象，他还是一位资深的中国证监会的官员，负责信息工作。因为在酒桌上，同学见面推杯换盏。什么比特币，喝酒喝酒。我想当然地把比特币当成和 QQ 币一样的虚拟币了。

在这之前，好像只是在媒体上看过有关比特币的报道，没有沉下心来仔细阅读有关文献。主动寻找信息和被动接受信息，会有冰火两重天的天壤之别，事后就把这件事情忘了。

青年时代经历读大学、研究生、博士，曾经在清华大学任教几年，后来涉足中国的资本市场。虽然不是什么资本大鳄，但也算是有吃有喝了。比如，我对房地产的长期的暴涨，本能的有一种排斥意识，认为房地产市场是一个没有任何技术含量的市场。只是集中把地拿来，然后盖好房子再零售出去，而获取暴利。从市场经营的角度讲，完全忽视了中国面临的严重的货币超发这一历史现象和土地拍卖模式可能造成的房价长期上涨。

当时对未来的财富的期待还停留在对资本市场的探讨上。寻找科技项目，争取能上市，从而获取财富效应。内心世界崇拜的是比尔·盖茨、巴菲特、任正非、马云、马化腾这样的商界领袖。

又过了几个月，大概 2012 年初，在中信大厦的小河边跟初壮一起散步。当时初壮已调到中信信托公司工作。我俩探讨了一个很严肃的话题。当时中国资本市场的整体建设思路是多层次资本市场的建设，新三板的话题正如火如荼。记得师兄问我一个问题，在移动互联网时代，还有什么不能交易？如果阿里巴巴、京东、腾讯成为交易所，交易效率会不会降低？当时的心情真的有一种茅塞顿开、一朝风月的感觉。

记得我俩核心的共识是，在未来随着信息的成本越来越低，传统的华尔街模式将面临结构性的崩溃。时间也许是 5 年 10 年，但不会是 20 年。当时新三板探讨的核心问题要实行做市商制度，我俩围绕新三板是要放开交易还是做市商制度讨论半天。回到办公室后，我很快就写成了一篇小文章，几个小时以后在新浪财经就发表了。应该说这是我思考过去的开始。

时间在迷茫中一天一天地过去。具体时间记不清了，有一天碰到了博士同学赵睿，他已经是社科院研究生院的副院长了。谈话时说起一个俩人都比较感兴趣的话题，当时硕士和博士的金融学教学普遍没有开设金融史和经济史这两门必修课，而我认为金融从本质上讲是个实践问题，不是一个简单理论问题。金融学院培养的是金融行业的从业者，而不是金融家。银行家未必有马路边的汇贩子更了解真实汇率。所有的学习首先都是历史的学习，特别是金融。

这次见面后收到了研究生院博士金融班课程授课的邀

请，邀请我给博士班讲金融市场这门课。几十个课时讲金融市场、投行案例等，实在感觉不到有什么可讲的。

讲课吹牛是我的长项。虽然不爱学习不爱读书，高中时代就是学校的演讲冠军，大学也是辩论赛的冠军。曾经指导过中央财经大学大学生辩论队击败北京大学辩论队，获得冠军。记得当时他们辩论的题目是，“发展汽车工业利大于弊还是弊大于利”，这正好是自己经常思考的话题。

讲课就像表演，有它一定的套路。先讲基本概念，再讲未来趋势，中间夹杂着老师的个人感受，也就是吹牛侃大山，以活跃课堂气氛。大家最爱听的是两个话题：怎么赚钱和怎样搞对象。

在讲到国际金融市场外汇体系这一章时，我突然意识到，传统的国际汇率体系和汇率标准是以国家间的边界为前提，以商品和劳务的购买力平价为依据换算的结果。在互联网时代，由于信息的价值远远大于物质本身的价值，国家边界经济上的含义已经被逐步打破。那么汇率体系面临着一个重估重构的过程。

当时正在备课，总想标新立异的我，突然想起来比特币。2013 年的夏天，在网上搜索了比特币，大约看了一个小时有关文献，只记得当时的感受是热血沸腾，老夫聊发少年狂，壮志豪情，西北望，射天狼。

当即有一个决定，就是什么地方可以买。在网上找到了一个叫比特币中国的网站。记得当时的比特币价格已经将近 2000 元。当时由于比特币整个区块链市场交易所不停地遇到黑客攻击，根本无法登录。

当时在河南鸭河口水库的宾馆备课，第二天早晨一口气开车 900 公里回北京。网上有关比特币的资料已经非常多，包括交易信息也非常多，可惜我过去两年没有关注。从圈子的角度讲，还是一个非常小的圈子。据说北京中关村的车库咖啡有一帮年轻人在玩比特币。

说车库咖啡有一个叫东叔的人可以帮着大家买卖，东叔就是赵东。当时我对这个市场的高波动性和残酷性还没有心理准备，只是抱着一腔对未来的期待而加入进来。对比特币的认识还非常的肤浅，也没有听说区块链的概念。完全是一种简单的认知，也没有意识到去中心化和点对点的这种价值系统对未来到底意味着什么。只是隐隐地感觉到可能会对过去中心化的金融体系有很强的挑战性和冲击性。甚至天真地认为比特币就是未来的货币，就是世界的中央银行。

6年多过去了，当年在车库第一次见到赵东他们的一幕仍然记忆犹新。当时的场面和气氛使我感觉到十分的震撼。服务员把我带到了一个车库咖啡很小的包房里。我推开门的一刹那，真的感到非常的新奇。一间大概有七八个平方米的小房间里，竟然坐满了七八个年轻人，他们挤在一起，桌上是乱七八糟的快餐盒，抽的是廉价的香烟。但每个人的精神状态像打了鸡血一般的兴奋。

对赵东说明来意，赵东说非常忙，他因为当时正在忙着做场外交易。事后才知道当时那间小屋子是中国甚至世界最大的场外交易市场。虽然当时比特币的价格不高，但是他们当时一开口已经是千万级的生意。

这些人穿着裤衩拖鞋，是我们这些所谓的社会精英认为的草根。赵东没有时间接待我，每个人都非常忙。有一个伙计说，传统的土豪来了。嘿，这哥们好像今天已经跑路了。

这时候有一个剃光头发抽着熊猫烟戴眼镜的人，40岁的样子，很客气地说我来教你吧。他首先告诉我怎么样下载钱包，怎么样做谷歌安全机制的验证。把用了几年的电脑去换了新电脑，反复给我强调安全机制的重要性。非常有戏剧性的是，那段时间在车库的经历正好赶上了比特币剧烈的波动，从两三千到四五千，甚至又从6000跌到了两三千。事后我知道那个抽熊猫烟剃光头发的人叫李笑来。

当时在车库，虽然我年龄是最大的，但是对币圈来说确实是个小白，也就是大家所说的新韭菜。李笑来让一个叫赵国峰的小伙子，也就是今天火币网韩国站的创始人，当时是在车库所知道的甚至是全世界最大的比特币套利搬砖工，帮我在在线钱包上安装了谷歌验证器。

当时车库还有另外一个剃光头发的年轻人，长得像个弥勒佛似的，总是笑呵呵的，也就是我们今天说的666。天天拿着一台小型摄像机，不停地在拍，问每个人有什么想法，他就记录下来。他对我这个新韭菜非常感兴趣，而且直接喊我王老师王教授。

虽然当时对整个比特币圈的生态并不了解，照猫画虎，仰仗过去所学的一些简单的理论知识，和他们大谈了哈耶克的梦想。说到哈耶克，和李笑来之间还能交流几句。其他人并没有更多的心情听我空洞的调侃。

那个剃光头发、拿着摄像机到处拍，笑呵呵的年轻人，就是币圈达人宝二爷郭宏才。说以前在山西老家卖牛肉，听说车库咖啡创业者多，他就整天住在车库上面的旅馆里。说王老师我把你拉到现在币圈很小的一个群里来吧。而且车库每天中午都有演讲会，每个人说出自己的创业想法。看到了那么多年轻人意气风发，热火朝天，确实非常感动。当然也有些妄想症患者，大喊着只和马云谈，问马云在哪儿，谁能告诉他马云电话，急需 8000 万。

写到这里其实就可以再添加几句，当年在车库认识的这些朋友，大多数人后来的发展轨迹很令人羡慕。回忆起来都有他们性格天然的特征。比如说李笑来，是一个爱思考的人。在车库相处时间不长，很受他启发。所以在比特币来到中国不久，无论是挖矿还是买，他很快就积累了很多，完全靠思想的超前实现了人生的财富。二宝喜欢张罗事，聚人气，总是问问题，善于学习，有激情。赵东是墨迹天气的联合创始人，据说600万卖掉了墨迹天气，扎进这个市场，也是几经风浪，荡气回肠。

从时间轴上讲，我就是新来的韭菜。他们在10块钱50块钱时就买了比特币，而我只能几千块钱来买，所以他们对我是无比的热情。这也反映了比特币早期市场的生态气氛，带有很强烈的传销色彩，总是欢迎新韭菜加入。

简单的热情冲动是魔鬼，一定会付出代价。我甚至有在2013年用7000多块钱买的比特币，紧接着是2014年、2015年的寒冬，比特币在2015年跌到了将近900块钱。对我来说真的是当头棒喝，这种打击远远不是简单的赔钱能形容的。

当初到车库的时候，自己心里有一种莫名优越感。自己读大学、读研究生、读博士、当大学老师，也算是个社会精英吧。而当时在车库，除了赵国峰是人民大学的校友以外，这些年轻人大多数并不是什么名校毕业。

因为车库的原因认识了很多区块链市场的名人。特别是杨林科，比特币中国的创始人，把比特币带到中国的浙江商人。有的说他是投资医美行业的，有的说他是做木材生意的。英雄不问出处。

今天回过头去看，为什么说技术都是被市场推动和带动的？比特币的市场发展史也恰恰印证了这一点。最先发现比特币价值的人恰恰大多数是一个社会边缘化的群体。所以在当时车库有币圈和链圈之分。

所谓链圈就是搞一些比特币区块链开发技术的人，他们是看不起这些炒币的人，发展到今天大家回过头再去看，已经超越了币圈链圈而向盘圈转变。再一次印证了“火车跑得快，全靠韭菜带”的市场逻辑。

比特币的价格在 2014 年走入了熊市通道，2015 年达到了低谷 900 块钱，跌掉了 80% 多，将近 90%。这个打击对我是双重的。一方面造成了所谓亏损，一方面感觉到自己作为一个传统的受教育深厚的大学生，却输得如此惨痛。这种心理上的煎熬程度要远远大于过去在传统的资本市场的亏损。甚至对自己的人生产生了怀疑。我们自以为是的过去所坚守的，在一群草根面前却如此不堪一击。不是我不明白，这世界变化快。

当时的心情就好比一个开律师事务所的大律师，被一个街头的小商贩给忽悠了。真是牙碎了往肚里咽，有口难言。我陷入了深度的思考，难道自己所坚信的是错误的方向？

2016 年发生过一件非常令人懊恼的事情，就是以太坊的分岔。对维塔利克将以太坊分岔而丢弃以太坊经典，大家甚为不解。特别是二宝，坚守这种去中心化的理念，二宝自己投入并动员社区支持以太坊经典。我也是以太坊经典的支持者和利益上的投机者，再次损失惨重。

我越来越意识到，仅仅有热情和一般性了解是远不够的。需要对比特币等其技术原理包括所有相关的知识进行系统的学习。当时我买了不少关于比特币区块链方面的书籍。特别是在 2014 年初的时候看到过有一篇小文章，说比特币的可怕之处就在于隐藏在它背后的协议价值，这句话我当时虽然不理解，但是我记住了。因为当时区块链整个的概念还没有在中国市场热起来，在中国市场区块链热起来是 2016 年以后的事情了。

凯文·凯利的《失控》这本书对我影响很大。真是相见恨晚。很久前读比尔·盖茨的《未来之路》感觉像科幻小说。长这么大，真的认识到坚持学习的重要性。书中自有黄金屋、书中自有颜如玉的感受是看这本书开始的。《失控》这本书是1994年国外出版发行的，来到中国市场的时候是2010年。2016年我才真的静下心来读了这本书，之前清华大学韩锋老师多次推荐这本书。

这本书我读了两遍，总的体会是这样的，凯文·凯利确实很牛，是一个思想家，他在二三十年前就把今天的事情其实描绘得已经比较清晰了。里面专门有一章讲到了电子货币，只是没有叫比特币，也没有今天的区块链等这么多专业成熟的术语。但是逻辑已经讲得很清晰了。

这本书知道的人不少，读的人不太多。可能有一个原因，就是太厚了，写得非常的晦涩，也许是翻译的原因，可读性有点弱。也是受这本书的影响，我今天写《未来财富之路》这本书时尽量增加可读性，篇幅尽量短，少占用大家时间。

我想用最通俗的语言和个人的体会，来和大家分享我的心得。大道理传播得最广的是大白话，大白话里边传播的最快最广的是俏皮话，俏皮话里边能让所有人记住的一定是黄色笑话，书上就不讲了。

在区块链市场有一句话，就是币圈一天人间一年。应该说 2016 年，整个一年都在学习和思考。比那些先知先觉者晚了一个代际。

2016 年的时候，市场上区块链的概念已经开始火热起来。随着看书学习和对市场的关注参与，自己的思考和认知也逐步地丰富起来。认识到比特币只是区块链市场的第一个应用，结合在市场的体验思考，区块链不是什么高不可攀高科技，它是整个人类社会的科技发展水平导致的信息成本越来越低的时候，可以直接实现点对点，也就是个人对个人之间的交易和信息的传输，它是一项加密技术。

也正因为简单，所以它才能迅速地普及。真正的特别高精尖的不能普及和大众化的技术，是无法引起社会变革的，无法对整个社会的传统行业展开颠覆。

既然所有的传统的实体经济未来都要影射到虚拟空间，那么虚拟世界的价值将越来越大。传统的中心化的资产，都将向虚拟世界转移。从经济上讲，这是一场资产转移运动，而未来价值互联网的形成使我们不需要第三方，那么个人行为价值化也将成为必然和常态。

当时有一个民间自发成立的“五十人微金融论坛”。师兄初壮、阿里巴巴研究院院长高红冰、秘书长张海晖他们发起。海晖原来任职于中国人民银行的科技司。考虑到我的学术背景和市场背景，他们也邀请我加入了。

在2016年底的微金融年会上，我做了一个主旨发言，题目是《传统资本市场面临结构性崩溃，微金融时代到来》。其中主要讲了一下区块链是如何让金融微小化，包括未来的ICO怎么样改变整个华尔街的结构，ICO在2017将进入世界性的高潮和疯狂。疯狂过后一地鸡毛。市场本身向深化发展，价值的协作行为并没有消失。

参加年会的人主要来自传统的主流金融机构和研究机构。在上午的主题发言当中，我满腔热情演讲，以为会赢得满堂喝彩，台下的上百记者竟无一反应。只有野村证券的几个研究员找到我，做了更加深入的探讨。当时的感觉真的是鸡同鸭讲，互不搭界。但是市场2017年春天以后的疯狂，大家都看到了，相信至今大家仍然历历在目，参与过的人可能刻骨铭心，被割得好痛。都是被市场教育的，没有教育市场的。

2016 年还有一件小事情留下了很深刻的印象。有一天郭宏才来找我，说要去天津开会。我问他什么会，他说去参加天津的达沃斯论坛。我当时有点纳闷，说你就穿裤衩拖鞋去啊。他不解地问我，币圈开会不都是裤衩拖鞋吗？我说达沃斯论坛去的全是政要和社会名流。更让我懵的是，二宝问我，王老师，达沃斯论坛是干嘛的。当时我的感觉是哭笑不得，你难道不了解达沃斯论坛吗？看来他真的不了解。

我问他谁邀请你去的，他说在美国硅谷的时候认识了一个投资人推荐给瑞士大使邀请他去的。说到这里，如果我们简单地认为 85 后 90 后是无知封闭，可能我们的判断是错误的。我突然意识到不是他们无知，是他们压根就不需要了解达沃斯论坛，他们不关心这些传统精英的盛宴。就这样一个裤衩拖鞋的光头小伙登上了达沃斯论坛，还上了英国的 BBC 新闻。

前几年读《季羡林传》，季老有一句话很受启发。他说做人要假话不说，真话未必全说。区块链市场我所看到的事情，我也尽量能做到假话不说，别人的坏话不说。但有些现象不得不写出来。

特别在2016年前后。市场分为明显的两个圈子。也就是我们说的币圈和链圈，可以说是泾渭分明。搞区块链技术的人，压根儿就看不起看不上这些炒币的人。两方面的人都有了大量的接触，就像中国股市4000点时，要进场的和要离场的在证券公司营业部门口彼此不屑看对方一眼一样。炒币的压根也没把链圈当回事。

为什么我们这些所谓的受过高等教育的人，一开始本能地排斥这个市场。我想精英圈子他们天生的在这个社会当中占有一定的财富优势，对创新的东西并不敏感。而恰恰是一些所谓的炒币的芸芸大众，虽然他们没有高学历受教育背景，但是群体过于庞大，总会有人先知先觉成为第一个吃螃蟹者。

2017年春节以后市场就演变为了一些专业的计算机人才，也就是原来所谓链圈的研究人员，开始大规模地发币。在这个过程中，使我对长尾理论有了很深刻的认识。恰恰是那些我们认为最广泛的草根群体，把区块链市场给催生出来了，才有了那些所谓的科技人才的创业天地。

火车跑得快，全靠韭菜带，这句话是自己有感而发写出来的。我真正体会到了以前所讲的只有人民群众才是历史的创造者，群众的眼睛是雪亮的。

那些一块钱买了比特币，两块钱卖掉的人，可以称为先驱。而那些 5000 块钱买了，又 1000 块钱卖掉的人，只能称其为先烈了。正是这些无数的韭菜和草根前赴后继、赴汤蹈火，才有了区块链市场的今天。他们中的大多数人根本没有意识到这场区块链运动到底意味着什么，更没有意识到这场资产转移运动的艰巨性和残酷性。

有个大学同学 20 万买了 70 个比特币，总想做波段，炒到后来只剩下 17 个币。比当初本金仍有几倍的回报。现在痛心疾首，发现币少了。真是白天不懂夜的黑，你到底喜欢谁?

正是市场的暴涨暴跌，引起了最广泛的人群的关注和参与。近 10 年来比特币的底部价格一直在抬高，虽然从

2013 年的将近 8000 块钱跌到了 2015 年的 900 多块钱，又到 2017 年底的将近 14 万人民币，而 2019 年初又跌到了 2 万多人民币。

离离原上草，一岁一枯荣。野火烧不尽，春风吹又生。最广大的韭菜群体只有七秒的记忆。尽管市场上大多数参与者是亏钱甚至亏得只剩裤衩，但多数人擦干泪、忘了痛，又乐此不疲地加入进来。二宝有一次在群里喊自己四毛买的某个币跌得剩两毛了，韭菜们能不能帮助拉盘，真有人蜂拥而至买入。这哪里是投资，明明就是娱乐。

如果坚信传统的中心化互联网将向区块链的价值互联网转移，那么区块链市场最大的价值将是时间价值。该市场有一个很经典的笑话，就是小太监问老太监为什么那么富有，老太监回答说，因为我割得早。

在本书写作开始的时候，本来书名叫《财富论》，但又感觉到我们对财富的理解仍然停留在工业化时代的思维上。我们需要展望的是未来的财富形态，未来的财富形态肯定不是工业化时代的财富概念，可我们未来要如何展现个人价值来获取财富，这些认知都处于激烈的碰撞状态，所以书名改成《未来财富之路》，也就是强调出，未来将发生巨大的社会结构变化，所以才从健康、认知学习能力以及个人交换价值等财富维度展开写作。

也正是基于这个整体的思路，把自己能想到的未来的几个方面做了陈述，分享给大家。

后记

《未来财富之路》不是在探讨一夜暴富的话题，只是我自己投资区块链的心得和思考，也是近两年来演讲内容的梳理。在该书的写作过程中，一直有一个困惑，就是未来的财富到底是什么。从极限角度讲，信息成本趋向零就意味着工业品的制造成本只剩下环境成本和人力时间成本。未来追求工业化时代物质财富的价值观面临破灭，而新的财富观如何确立，相信不是一个人的焦虑。树立全方位的新的财富观已经无法回避，健康、认知学习能力将成为人们新的财富观的最重要内容。也许未来点赞量会成为财富多少的一个标志，他代表了一个人对别人的交换价值。

这个世界有两种痛是绝大多数人都有的：割肉痛和亏钱痛。这个世界有两件事最难：把自己想法装到别人脑子里，把别人的钱装到自己口袋里。每个人改变自己的思维定式和行为习惯是很难的，每个人都坚信自己的逻辑。越是日常行为习惯越难改变，所以，要想改变，方法上就必须足够简单，而利益诱惑又要足够大。

在写作的过程中，理智告诉我有些观点是有争议甚至可能是错误的。比如衡量认知能力的基础智商就是一个非常有争议的话题，观点并非来自科学实验，而是自己的经验观察。之所以大胆写出来，也和很多朋友的鼓励有关。该书不是一本严谨的学术著作，只是自己的心得体会，不妥之处一定不少。有些自己自认为比较明白，有些内容只是直观感受。不管对错，所说的都是自己平时所想的。有句诗是此刻心情的写照：洛阳亲友如相问，一片冰心在玉壶。

本书只是记录了自己真实的心路历程，对错交给时间吧。如果给本书总结一句话，就是保持持久的学习激情和能力，将是人生最大的财富源泉。

自己的心得能够成书，是很多朋友关心鼓励的结果。特别感谢这些朋友：长铁、王晨辉、朱恒鹏、朱嘉伟、安鑫鑫、李昌、李戈、李耀强、刘守朋、初壮、肖永泉、张海晖、张了了、张文宇、杜元、金忠、林华、罗先琪、赵睿、赵昌宇、郭田勇、郭宏才、徐刚、章彦、韩锋、冀冬。

2019 年 10 月中关村